オックスフォード大教授が問う

思考停止社会ニッポン

曖昧化する危機言説

苅谷剛彦

オックスフォード大学教授

中公新書ラクレ

目次

第2部 「内向き」日本とコロナ禍・ウクライナ 129

5章 人材の「鎖国」――人的資本劣化のサイクル 167

図表・本文ＤＴＰ／今井明子

オックスフォード大教授が問う

思考停止社会ニッポン

曖昧化する危機言説

プロローグ　「鎖国」の記憶

『風土』の著作などを通じ海外でも知られる日本の哲学者、和辻哲郎（わつじてつろう）は、1950年に『鎖国――日本の悲劇』（筑摩書房）という大部の著書を出版した。その序説で和辻は、鎖国という過去の日本の経験に目を向ける理由を次のように述べた。やや長いが引用する。

太平洋戦争の敗北によって日本民族は実に情ない姿をさらけ出した。（中略）その欠点や弱所の深刻な反省を試み、何がわれわれに足りないのであるかを精確に把握して置くことは、この欠点を克服するためにも必須の仕事である。その欠点は一口にいえば科学的精神の欠如であろう。合理的な思索を蔑視して偏狭な狂信に動いた人々が、日本民族を現在の悲境に導き入れた。がそういうことの起り得た背後には、直観的な事実にのみ信頼を置き、推理力による把捉を重んじないという民族の性向が控えている。推理力によって確実に認識せられ得ることに対してさえも、やって見なくては解らないと感ずるのがこの民族の癖である。それが浅ましい狂信のはびこる温床であった。またそこから千種万様の欠点が導き出されて来たのである。

ところでこの欠点は、一朝一夕にして成り立ったものではない。近世の初めに新しい科学が発展し始めて以来、欧米人は三百年の歳月を費してこの科学の精神を生活の隅々にまで浸透させて行った。しかるに日本民族は、この発展が始まった途端に国を鎖じ、その後二百五十年の間、国家の権力を以てこの近世の精神の影響を遮断した。これは非常な相違である。（中略）この発展の成果を急激に輸入することによって、何とか補いをつけ得るというようなものではなかった。だから最新の科学の成果を利用している人が同時に最も浅ましい狂信者であるというような奇妙な現象さえも起って来たのである。

して見るとこの欠点の把捉には、鎖国が何を意味していたかを十分に理解することが必要である。それは歴史の問題であるが、しかし歴史家はその点を明かに理解させてはくれなかった。歴史家が力を注いだのは、この鎖国の間に日本において創造せられた世にも珍らしい閉鎖的文化を明かにすることである。（中略）しかしそれらのものの代償としてわれわれがいかに多くを失ったかということもまたわれわれは承知していなくてはならない。その問題をわれわれはここで取り上げようとするのである。

（『鎖国』序説より：筑摩選書版〔1964年〕、1～2頁。強調は原著者による。以下同じ）

「太平洋戦争の敗北」からわずか5年後に、和辻は敗北に至った日本（人）の「欠点」として、「科学的精神の欠如」を挙げた。「合理的な思索を蔑視して偏狭な狂信に動いた人々が、日本民族を現在の悲境に導き入れた」。しかし、合理性の蔑視＝科学的精神の欠如は、日本の歴史にその淵源があると哲学者は見抜き、戦時中から日本史、西洋史の歴史家たちを集めて始めていた鎖国についての研究成果を、戦後の日本人に向け発表した。

この大著は、前篇で世界の歴史を「世界的視圏の成立過程」として詳述し、後篇では日本の歴史を西洋との接触の歴史として描く。「鎖国」という歴史的経験がもたらした「代償」として、「われわれがいかに多くを失ったか」を、戦前期にすでに知識人として確たる地位を築いた哲学者が、あえて西洋と日本の歴史を繙（ひもと）く大部の書物を戦後間もなくに著したのである。

歴史叙述に多くのページを割いた後で、和辻は結論的な言葉を次のように残した。

ただこの一つの欠点（「為政者の精神的怯懦（きょうだ）」・引用者注）の故に、ベーコンやデカルト以後の二百五十年の間、或はイギリスのピューリタンが新大陸へ渡って小さい植民地を経営し始めてからあの広い大陸を西へ西へと開拓して行って遂に太平洋岸に到達するまでの間、日本人は近世の動きから遮断されていたのである。このことの影響は国民の性格や文化の隅々にまで及んでいる。それにはよい面もあり悪い面もあって単純に片附けることは出来ないのであるが、しかし悪い面は開国後の八十年を以てしては容易に超克することは出来なかったし、よい面といえども長期の孤立に基く著しい特殊性の故に、新しい時代における創造的な活力を失い去ったかのように見える。現在のわれわれはその決算表をつきつけられているのである。

（『鎖国』401頁）

「日本人は近世の動きから遮断されていた」、その影響は「開国後の八十年を以てしては容易に超克することは出来なかった」と、「太平洋戦争の敗北」に至った日本（人、社会）の問題点を指摘している。そして、その「決算表」を今なお日本人は突きつけられていると「為政者の精神的怯懦」を生んだ鎖国という経験の影響――「悪い面」――を締めくくった。

6章の最後で触れる、国際政治学者の高坂正堯（こうさかまさたか）は、1964年に「海洋国家日本の構想」

を『中央公論』に寄稿した（翌年同名のタイトルを持つ著書として出版。以下の引用は中公クラシック版『海洋国家日本の構想』２００８年、中央公論新社による）。そこで「海洋国家」となったイギリスに対し、「日本は島国であった」（同２３２頁）と高坂は説く。曰く、

イギリスは海洋の可能性を十分に活用して外の世界で活躍し、日本は海の背後に閉じこもってしまったのである。実際、島国はこの二つの可能性を持っている。何故なら、海は世界の各国をつなぐ公道であると同時に、国家を他の国家との接触から遮断する壁でもあるからである。（同２３２頁）

ユーラシア大陸の西端にあるイギリスと、東端にある日本という二つの島国の歴史を比較しつつ、日本のエリートたちの視野の狭さを指摘した、日本社会論としても優れた論考である。

この論考を収めた最初の著作となる『海洋国家日本の構想』のこの部分で、当時まだ30歳の高坂は和辻の『鎖国』をふまえ、「日本の歴史は、国内のエリートが外に開いた部分に注意を払う視野の広さを失ったときに悲劇が起こったことを示している」（高坂、同２２９頁）

と指摘した。そして次のように同時代の日本人に警句を発した。

二十世紀の後半の今日、日本の政治家と国民はふたたびその視野の広さを失いつつあり、あらゆる外見にもかかわらず、日本は実際には島国になりつつあるように思われる。それは戦後の日本が、アメリカの軍事力の傘のなかで防衛・外交をアメリカに依存しながら、経済発展のみに努力を集めたことの代償といえるかもしれない。（同233頁）

和辻の問うた「決算表」は、若き国際政治学者（当時）、高坂の目には明らかにマイナスの決算と映ったのだ。

最初からやや引用に頼りすぎたかもしれない。しかし敗戦からわずか5年後に和辻が、その14年後に高坂が、鎖国に言及しそれが日本人の精神に及ぼした影響を論じた。この事実を本書の冒頭においたのは、「『鎖国』の記憶」をテーマのひとつとする本書にとって、二人の知の巨人が鎖国を論じていたことの重要さに触れたいためだけではない。巨人の肩に乗って本書を書こうと思ったわけでもない。むしろ、二人の巨人が、鎖国の直接的な影響に言及したのに対し、本書はそれとは異なる地点から「鎖国」というメタファー（隠喩：直接的には関係しない何かを思い起こさせることで伝えられるメッセージ、あるいはその伝え方）の影響に焦点を当てる、そのこととのコントラストを示すためである[1]。

歴史的出来事としての鎖国は、１８８９年生まれの和辻にとってはたかだか一世代前の出来事であった。１９００年生まれの哲学者の父、正顕（まさあき）を持つ高坂（自身は１９３４年生まれ）にとってもせいぜい二世代前の出来事である。そのことを見れば、鎖国経験の影響――とりわけその「悪い面」――は彼らにとってより身近に感じられたのかもしれない。だから、その影響を直接論じることにも違和感はなかったのだろう。

それからさらに時が流れた。21世紀の世界は、「グローバル化」のまっただ中にあり、和辻や高坂のように鎖国経験の影響を直接・間接に分析し、論じることは容易ではない。いや、そのような分析が２０２２年という時点で現代日本社会の分析として意味を持つのかどうかさえわからない。

しかしながら、今から70年以上前に和辻が『鎖国』を出版し、それに触発された高坂が、今からおよそ50年前に和辻の指摘を自説に取り込み、国際政治学の知識として展開したことは、知識の生産という事実としてみれば、今の私たちにとってけっして大昔の出来事ではない。しかも彼らの議論は、本書がとるアプローチとは異なり、鎖国やその影響を隠喩として論じたのではないことも確認しておく必要がある。

ところで、新型コロナウイルス（COVID-19）の世界的規模での感染拡大（パンデミック）を体験したことは、私たちの意識に大きな影響を残した。そのひとつがナショナリズムの喚起である。感染拡大を恐れた各国政府が直ちに行ったことのひとつが国境閉鎖や入国管理の強化であった。各国が国境によって囲まれた自国民を守ることで、普段はそれほど意識せずにすむ国境の意味が先鋭化した。コロナ禍での日本の入国管理はとりわけ厳しいものであった。ある時期の日本政府は、基本的に日本人以外の入国を認めない「鎖国」まがいの「水際対策」までとった。実際、メディアでは「鎖国」の言葉が躍った。こうしてコロナ禍以前に比べ国境の管理が厳しくなった分、出入国の際に自分の国籍がどの国に属するかの意識が呼び起こされるようになった。

国境を閉ざし、自国民を守るという入国管理は、多くの国で見られた。しかし、それを「鎖国」のようだと表現し、そのようなものとして理解したことで、日本の入国管理には特有の意味が与えられたのではないか。実際に他国以上に厳しい水際対策ではあったが、それを「鎖国のような」対応として理解しようとする言説空間が日本では生まれた、ということである。

コロナ禍において、日本政府は留学生の入国にも厳しい措置を取り続けた。２０２０年の春以降、段階的に入国を制限し始め、全体の95％を占める私費留学生の入国制限を行った。同年秋の時点で、留学生の新規入国を認めなかった国は、主要７ヶ国（Ｇ７）の中で日本だけだった。他のＧ７諸国の感染者数が日本に比べ桁違いに多いことを考えれば、日本の姿勢は、留学生に対しひときわ厳しい措置だったと言える。

もう一段階厳しい入国制限が翌２０２１年末に始まった。日本では同年11月８日に外国人技能実習生や留学生などの入国制限が緩和されたのも束の間、同月30日に再び外国人の入国が原則禁じられたのだ。このような対応にもメディアでは「鎖国」の語が当てられた。

こうした対応とそれを受け入れる社会の側の反応には、日本の歴史的な経験の記憶（＝蓄積されてきた「知識の社会的在庫[2]」）がある程度関係していたと言うことはできるだろう。島国として、実際の鎖国を経験した歴史を持つ日本人にとって、ウイルスは外部から侵入する招かれざる「邪悪」と観念されやすい。こうした連想とその広まりは、過去の記憶が知識の在庫から呼び戻されることで容易となる。ソトからの侵入者（＝邪悪）を制限する「鎖国」

によってウチが守られてきたという記憶が、「鎖国のような」水際対策という認識や理解を助けていると考えることができるのだ。国境管理を一段と厳しくすることで、ソトからの侵入を防ぎ、ウチなるゼロリスク＝ゼロコロナの実現をめざす姿勢とも相通じる受けとめ方である。それは、私がコロナ禍の中で過ごしてきたイギリスのような、ウィズコロナを地でいく他国とは一線を画する日本の姿であった。もちろん、国境を接する国々ではなおさらのことである。

さらにここから議論を発展させれば、ソトへの日本人の対応・関係の仕方にまで論点が広がる。江戸時代の間、幕末まで長期に及んだ鎖国という歴史的な経験を背景に、明治以後の日本人は、ソトから入ってくるものを選り分ける「和魂洋才」のスローガンを生み出した。これはそれ以前の「知識の在庫」にしまい込まれていた「和魂漢才」から転用された新造語だったが、「洋」からの脅威には、「漢」に比べより緊迫したものがあったと知識人を含め明治のリーダーたちは感じたのだろう。圧倒的な「洋才」の侵入に対し、いかに日本(人)のアイデンティティを守るか。このスローガンの下で、自分たちに「都合のよいもの」は歓迎し、「都合の悪いもの」は拒絶する思考の習性を身につけた。「和魂洋才」的な言葉の普及と定着によって、このような習性を言語化し、知識の在庫にしまい込んでいったと言えるだろう。

　だから「和魂洋才」のような「知識」の記憶をうっすらと思い出し、それを背景におくことで、「都合の悪いもの」のソトからの侵入を防ぐ内向きの対策が支持される、少なくともそれが容易になったのではないか。地続きのため国境を閉ざすことが実質的に困難で、しかも多民族を抱えることで異なる文化が交じり合うことを受け入れてきた社会――言い換えれば「鎖国」という語彙を持たない社会――との違いである。

　しかし、たとえば、「まるで鎖国のようだ」とか「鎖国のような対応」という場合、「鎖国」は直喩としては使われていないことに注意しよう。コロナ禍で登場した鎖国をめぐるさまざまな言説は、私たちの認識に影響を及ぼしうる隠喩的な表現として見たほうがよい、ということだ。

「鎖国のようだ」といった、形式上は一見直喩的な表現（直接的な喩え：～のような）を使って、コロナ禍での水際対策や留学生対策に言及したとしても、それがそのまま直喩とはならない。それは、今の私たちが「鎖国」という言葉を使う時には、すでにその歴史的出来事の詳細な知識を抜きにして、「鎖国」の語を借用できるからである。この言葉が喚起するイメージの強さに頼った喩えにすぎないということでもある。さらに言い換えれば、曖昧な意味で用いても、そのイメージの喚起力によって「鎖国」言説はなにかを言い当てているように見えてしまうということだ。そしてこの語がイメージを喚起する力を得るのは、私たちが日本はかつて「鎖国」していたという歴史的事実を少なくとも「知っている」からだ。ただし、その知識の正確さは問われない。詳細も問われない。それでも広く流布した（教科書的）知識として、たとえば歴史の教科書に載っていた出島の絵図がうっすらと思い出されれば、「鎖国のような〇〇」といった言説は、実際の歴史的事実としての鎖国の知識とは直接関係なく、それでも具体的で強いあるイメージをつくりだす。そしてそのことを通じて、当該の問題を理解する際の認識枠組みに作用する、と考えられるのだ。

メディアを通じて流布したフレーズ（たとえば「自粛」や「鎖国」）は、それらが使われるたびに、隠喩的な意味を帯びていく。それが隠喩として働くためには、その語やフレーズが喚起するイメージ（厳密な意味や定義ではない）が、私たちが知っていると思い込んでいる「知識の在庫」から呼び出されることが必要である。そのフレーズが呼び起こす「あるある」感を可能にする知識の存在とその働き――そこに注目することで、私たちの問題意識や現実認識に制約を与えている枠組みを取り出し、その作用を考察できるのではないか。[3]

それは国境管理や入国制限といった水際対策だけに限らない。コロナ禍やウクライナで始まった戦争が喚起した日本の「安心・安全」に関しても、私たちの認識を枠づけるイメージが知識の在庫から呼び出されてきた。あるフレーズ（たとえば「自粛」「平和ボケ」）が喚起するイメージをそれ以前の経験と無自覚に（あるいはなんとなく）結びつけ、その喚起されたイメージによって「現実」が認識され、隠喩的に理解される。その影響関係を何とか取り出してみたい。よく耳にするフレーズに埋め込まれた過去の知識の記憶がつくりだすイメージの影響について考えてみたい。このような作業を通じて、現在の日本社会が危機やリスクに直面する中で思考停止に陥ってしまう、「思考停止社会ニッポン」のあり様を明らかにできると考えるのである。

このようなアプローチを、ここではとりあえず「知識社会学的」とゆるやかに形容しておこう。それは、私たちがこれまで蓄積してきた「知識の在庫」から恣意的に取り出された、イメージ喚起力の強い――それだけに私たちの現実認識や理解に知らず知らずに影響を及ぼす――「知識」（たとえば「鎖国」や「自粛」にまつわる諸言説）が、私たちの認識枠組みに隠喩的に及ぼす影響関係を取り出そうという試みである。方法論的、あるいは認識論的にはゆるい規定に留まるが、このような「知識社会学的」アプローチによって、私たちが見過ごしてしまいがちな私たち自身の認識の仕方の特徴を、いわゆる日本人論・日本文化論的に論じるのではなく、私たちの「知識の在庫」を掘り起こす作業を通じて考察の俎上に載せてみようと思うのである。

とはいえ、本書はちょっと変わった始まり方をする。1〜3章は、先に述べた知識社会学的というより、私自身の日本への入国経験を元にした「フィールドワーク」になっているからだ。それでも、そこで記録された経験は、私自身が「鎖国のようだ」と感じた体験であった。その意味で、本書全体のよい導入になっていると思う。

さらに6章は、コロナ禍ではなくウクライナへのロシアの侵略戦争が喚起した「危機」や「リスク」、裏返せば「安心・安全」に関する言説を分析対象にしている。コロナ禍への日本社会の対応を前述の「知識社会学的」アプローチによって明らかにしようと本書を執筆している最中に、ウクライナでの戦争が起きた。私は正直、大きなショックを受けた。私がそれまで疑うことのなかったいくつもの前提や価値観が簡単に崩れてしまったと思ったからだ。そこで急遽、「平和」に関する知識を対象に、「知識社会学的」にアプローチする研究の必要性を痛感した。それが6章である。簡単に論じられるテーマでないことは十分わかっていたが、それでも現在進行中の戦争というテーマに自分なりの論じ方ができるのではないかと思った。

新型コロナによるパンデミックも、ウクライナでの戦争も、現在進行中の出来事である。十分な時間をおき、丹念に資料を調べ、事後的にこれらを論じることもできるし、それは不可欠の作業でもある。しかし、現在進行形の出来事だからこそ、そこで見失われたり、気づかれたりすることのない私たち自身の問題の捉え方や認識の仕方を、知識社会学的アプローチによってある程度は解明できるはずだ。それは私たち自身の認識のあり方を相対化したり、俯瞰（ふかん）したりするのにも役に立つだろう。チャレンジングであることを承知の上で、本書を執筆し、できるだけ早く刊行しようと思ったのは、そのような試みに現在の時点での重要性・必要性を見出したからである。

私はかつて「ゆとり教育」や義務教育国庫負担金制度、最近ではコロナ禍での九月入学導入などの教育改革論議に、実証的なデータ分析を携えて参加したことがある。その時には数量的データを用いた分析を基にしたが、心がけたのは、事後的な研究よりも事態の進行に伴走するようなアプローチを採ることだった。同時進行中の事態を社会がどのように認識しているか、それに一石を投じようとしたのである。

今回の分析は、数量的データ分析のような明確な結果に基づくものではない。言説データという、その選択にどうしても恣意性を残す資料を使った分析になっている。それだけにチャレンジングであり、それだけに不十分なところが多いことは重々承知している。誤解や誤りもあるだろう。ご叱責を待ちたい。

それでも私はこの本を書きたいと思った。そのことだけは最初に伝えておきたい。

〈注〉

（1）認知言語学にメタファーの概念を位置づけたLakoff and Johnsonによれば、「メタファーというものの不可欠の要素は、ある種類の事柄をそれとは異なる種類の事柄に関連させて理解し、経験することである」（*Metaphors We Live By*, University of Chicago Press, 1980, p.5）という。しかも、彼らの議論では、「メタファーとは、たんに言語、つまり言葉の問題ではない」「それとは反対に、人が考えるプロセス自体が概ねメタファーのようなもの（methaphorical）なのである」「人間の概念のシステムはメタファーとして構造化され定義づけられている」（同p.5）ともいう。しかも、それぞれの「文化」によって、どの語がどのようにメタファーとして使われるかが異なるという指摘も行っている（同p.9）。そして、本書の議論にとって重要な点として、「メタファーを使うことで、私たちはある事柄のある側面を理解するが、それとは別の側面を隠してしまうことが必ずある」（同p.9）とも指摘する。本書は本格的に認知言語学のアプローチを採用するものではないが、彼らの議論は、本書が行おうとする「知識社会学的」アプローチにとって示唆的である。

（2）「知識の社会的在庫」は、もとはAlfred Schutz and Thomas Luckmann, *The Structures of the Life-World*, Northwestern University Press, 1973、およびピーター・L・バーガー、トーマス・ルックマンの著書『現実の社会的構成――知識社会学論考』（山口節郎訳、新曜社、2003年、原著はP. L. Berger and T. Luckmann, *The Social Construction of Reality: A Treatise in the Sociology of Knowledge*, Garden City, NY: Anchor Books, 1966）で使われたsocial stock of knowledgeを翻訳・借用したものである。ただし、日常性の現実realityがいかに社会的に構築されているかの分析に用いられた彼らの用法とは異なり、ここでは歴史的にあるいは過去に蓄積されてきた私たちの知識のストック――過去を含め私たちが知っていることの「蓄え」――という意味で用いる。厳密な意味で彼らの用法と同じではないことを断っておく。なお、以下では「社会的」を省略して「知識の在庫」と表記する。

（3）おそらく、過去の経験に関する知識の在庫から呼び出され、強い影響を持ったことのきわめてわかりやすい例の一つとして「神風」を挙げることができるだろう。元寇（1274年と1281年に起きた元＝モンゴル帝国による日本への侵攻）の時に日本を救ったといわれた「神風」（台風？）伝説が、戦時下で神格化された日本とその無敗神話とともに召喚され、隠喩的に使われたのである。それが第二次世界大戦末期の無謀な特攻作戦にその名を残すこととなったことは周知の通りである。過去の知識の在庫からある知識が呼び出され、それが隠喩的に政治利用される。歴史的にみて、そのわかりやすい例が「神風」であり、日本の歴史の中でもっとも悲劇的な結果をもたらした知識の隠喩的な政治利用といってよい。

第1部　日本とイギリスの境界から

1章　イギリスで過ごしたステイホームの2年間

2020年のロックダウン

2020年1月13日に年末年始の帰国からイギリスに戻った時、これから始まる2年間がどのようなものになるのかは、——誰もがそうであったように——まったく想像がつかなかった。1月20日から通常通り、オックスフォードでの2学期（オックスフォードでは「ヒラリー・ターム」と呼ばれる）が始まった。もちろん、授業も学生への個別指導も、対面で行った。中国の武漢で新しい感染症が発生したらしいとのニュースは入っていたが、まだまだ遠い国の出来事だと思っていた。2月に入ると、日本では横浜に入港したクルーズ船、ダイヤモンド・プリンセス号の乗客に感染者が見つかり、それがこちらでもニュースとなった。日本研究の関係者にとっては見過ごせない報道だった。

ヨーロッパでは、最初はイタリアで感染者が出た。イギリスでは、2月2日に初めての感染者が見つかった。やがてイギリスを含めヨーロッパでの広がりを見せ始めたのは3月に入ってからだった。3月16日にイギリスの感染者数は1日あたり300人を超えた。人口が日本のほぼ半分という国にとっては、この数はすでに日本のそれを凌駕していた。

日本の大学が春休みに入るとオックスフォード大学には日本からの大学関係者の訪問が増える。私にも面会希望のメールがいくつか届いていたが、ほとんどお断りした。イギリスでの感染が増えつつある時期とはいえ、その頃の感覚ではまだ、「感染はアジアからやってくる」という印象を持っていたからだ。おそらく中国系の学生だろう、マスクをして街を歩く人びとが目に入るようになった。中には、毒ガス防護用かと思わせる重装備のアジア系の若者の姿も見かけた。私もマスクの着用をしようと思ったが、その頃は、マスクが入手しづらかった。心配してくれた元学生のひとりが、わざわざマスクを1箱送ってくれたくらいだ。私も外出時にはマスクを着用するようになった。だがその時にはほとんどのイギリス人はまだマスクをしていなかった。

3月中旬には春休みを利用して帰国しようと思っていた。帰国の目的のひとつには、私には基礎疾患があり、帰国のたびに日本の病院で検査を受け、薬を処方してもらっていたからだ。だが、感染者が増え続けそうだったのと、空港までのバスや、機内での安全についてまったく確証が持てなかったので中止を決めた。

すでに予約してあった日本の病院での検査をキャンセルしてもらうよう担当医にメールで連絡した。その返信がその後の私のコロナへの対応――より正確には感じ方――を一変させた。先生からの返事には、「(あなたは)残念ながら『基礎疾患あり』に分類されますので、発熱時は早めに受診されることをお勧めいたします」とあった。個人のことなので詳細は省くが、数年前に大病をし、日本で入院した。その疾患自体は寛解したが、他の人に比べ感染には人一倍気をつけなければならないぞ。そう思うようになった。いや、恐れるようになったというほうが近いだろう。高齢であることに加え、「基礎疾患あり」。その時点では治療法も、ワクチンもまだ開発されていなかった新型コロナウイルスの脅威は、社会にとってのみならず、私個人にとっても恐怖の対象となった。

3月23日夜からイギリス全土でロックダウン(都市封鎖)が始まった。大学もリモートでの授業や会議に切り替わった。「ステイホーム(家に留まれ)」「ソーシャルディスタンシング(社会的距離をとれ)」といった、それまでほとんど聞いたこともない言葉が頻繁に使われるようになった。その前後から、2年近くに及ぶ、私のステイホームの生活が始まった。ジョンソン首相（当時）が感染したのも、ロックダウン直後の出来事だった。

この頃のことを綴った私の文章がある。実際には長くは続かなかったコロナ禍での日記の一部である。引用する。

3月27日（金）：対応の鈍い日本

仕事の中休みにユニバーシティパークに散歩に行く。途中、大学時代の友人TからFaceTimeに連絡をもらい、歩きながらしばらく話をした。イギリスの感染状況を知って心配してくれている。彼自身は相変わらず。こういう友人と話すと気持ちが穏やかになる。ありがたい。ニュースで、ジョンソン首相がコロナウイルスに感染していることがわかった。昨日夜8時に、医療関係者への謝意を示すためみんなで拍手をするというイベントに参加していたのがテレビで映されたばかりだった。保健相も感染したという。これでこの国の対応は一段階真剣になっていくだろう。

それに比べると日本の対応は鈍いという印象を受けた。週末の外出を避けるような要請は出ているが、お店が閉まるわけではない。都知事による週末外出「自粛」の要請に応じて、東京ではスーパーで食料品の品不足が起きたりしているらしい。しかも、その際に感染防止策がとられている様子はほとんどない。一度収まったかに見えた感染で気がゆるんでいるのか。日本では「自粛疲れ」という表現が使われている。自粛という考え方自体がどうも主体的な選択とは異なる印象を与える。やむをえずという、「同調圧力」（この言葉も日本ではよく使われているようだ）への自らのやむをえない対応といったニュアンスを残すからだ。社会のために、他者への感染を防ぐために、自分が進んで行っているという意識が根底にあれば自粛とは呼ばないだろう。イギリスではそういう感覚だ。どうも「自粛」という意識と「主体性」の関係について考えてみる必要がありそうだ。自粛には自ら「慎む」という意味があるらしい。慎むという意味が根底に含まれるから、他者のために進んでというニュアンスが薄れるのだろう。慎み深さといった美徳との関係もあるだろう。

先週注文したジャパンセンター（ロンドンにある日本の食料品店）から食料品が届いた。醤油や、めんつゆも入手。焼きそばも注文したので、昼食にソース焼きそばをつくり、半分食べた。残りの半分を夕食に。目玉焼きをのせた。夕食の後は、桑田佳祐のコンサートのビデオを見ながら、少しお酒を飲んだ。リラックスが必要だ。

3月29日（日）：漱石と熊楠

シーツと布団カバーなどの大物の洗濯をした。洗濯をしながらJSTVで日本のテレビ番組を見たり、ラジオを聞いたりしながら過ごす。こういうリラックスする時間も必要なのだ。リラックスついでに、読みさしだったロンドン時代の漱石について書いた本（出口保夫『ロンドンの夏目漱石』河出書房新社、1991年）を最初から読み返した。

本の中にロンドン到着までと到着後数日の話が出てくる。1900年10月28日のことだ。20世紀初頭の日本人にとっての大英帝国は、今のイギリスと日本の関係以上に大きな隔たりがあった。お金のない留学生は、地図を頼りに徒歩でロンドンの街を歩く。堅牢な石造りのビクトリア時代の建造物はさぞ威圧的だったろう。著者の出口氏は、それは漱石と「近代そのものとの出会い」であったろうと記す。

ほぼ同時期に、漱石の帝大時代の同期に当たる南方熊楠が大英博物館で働いていた。漱石がロンドンに着いた時にはすでに帰国の途についていたが、同じ日本人でも、かたや『ネイチャー』などの有名な学術誌に英語の論文をいくつも発表した碩学（せきがく）であり、当時の日本人としては図抜けて国際的な学者であった熊楠。他方、留学生活を始めたばかりの漱石。彼が日本人であることにこの地で悩んだことは有名な話だ。この対比は、日本人の海外経験のテーマとしても興味深い。

漱石のロンドン生活から百余年後に、コロナウイルスでロンドンが閉鎖（都市封鎖）されている今の時代を彼が想像できただろうか。漱石の留学からおよそ18年後にいわゆる「スペイン風邪」（１９１８～20年のインフルエンザのパンデミック）が世界的な流行を見せた。漱石が生きていたらそれをどう見たのだろうか。漱石の留学から１２０年後にイギリスの大学で教師となった私にとって、この本から得られる刺激は大きい。

昼ご飯を食べた後で、ユニバーシティパークまで散歩をする。帰りにオフィスによって、ＰＣ用のスピーカーを持ち帰った。その後簡単なエクササイズ。社会学科の院生、R君の博士論文のドラフトを読もうとするが頭に入らない。あきらめて大河ドラマ「麒麟がくる」を見て過ごす。

自己責任と自粛という自己と主体性をめぐる問題については、明日また考えてみたい。

3月30日（月）：「自粛」とは異なるイギリスの対応

日本からの博士課程の留学生Cさんと電話で話をした。どうもコロナウイルスに感染したような症状だったという。幸い高い熱も出ず、倦怠感もなく、咳が長く続いたということだった。手洗いも十分に気をつけていたのに感染したようで、ショックだったと言っていた。今は咳もほとんど出ていないし、すでに発症から十分日にちが経ったということだったが、人に感染させないために外出は一切していないと言っていた。帰国も延期を余儀なくされているという。

身近に感染者（とはいえＰＣＲ検査はしてくれなかったという）が出たということは、人ごとではない。若い人たちは軽症で済む可能性が高いが、基礎疾患がある高齢者は一段と気をつけなければならないと改めて思う。

普段はあまりやらないFacebookに書き込みをした。日本での危機感の欠如が心配で、イギリスでのこの間の生活は「自粛」などではないと書いた。すると、大学時代の友人のＨからコメントがついた。英語では自粛を要請するというのはなんと表現するのだ、との質問だった。ＢＢＣでは、"Governments around the world are encouraging people to stay at home to protect health services and save lives."（「各国政府は、医療サービスを護り、人びとの命を救うために、国民に自宅待機を奨励している」）という表現を使っていると返事を書いた。あくまで奨励＝encouragingであり、行動に対して直接言及するのであって、そこに「自粛」を「要請する」といった間接話法は挟まれない。要請と結びつくところに「自粛」というコンセプトの特徴があるのだろう。

昨日は、『朝日新聞』のデータベース「聞蔵（きくぞう）」を使って、「自粛」の語について調べてみた。古いのだと、明治天皇崩御の時の記事にこのキーワードと関連したものが出てくるが、「自粛」という言葉自体を使わない例も結構あった。今なら自粛で済ませてしまうところが違う表現になっている。それがやがて自粛で済むようになる。そういう変化がありそうだ。またそれがどのような事件や事態に対して使われたのかも調べてみる価値はある。ちなみに、自粛を「要請」するという表現は明治期にはそれほど多くないのかもしれない。要請と一緒に使われるようになることで、自粛の意味が変わったという仮説も可能である。

こうした間接話法による「主体」の喚起を通じて、あたかも、自らの判断で行っている（かのように見せる）という「セルフコントロール」の技法は、直接的に行為を呼びかける英語の用法（たとえばStay home）とは違うのではないかというのが、そもそもの違和感の出発点である。もう少し考えてみたい。

閑話休題。

イギリス社会のレジリエンス

4月に入り、3学期（トリニティ・タームと呼ばれる）が始まった。授業はすべてオンラインになった。ちょうど学部生対象の「日本社会論」の講義を担当することになっていて、講義はすべて録画による配信となった。なれないソフトを使って、何回分かの講義を録画した。最初の回は緊張したせいか、英語がたどたどしい。何度か言い間違いをするたびに、録り直しをした。録画をなんとか終え、決められた場所にアップロードする。学生たちはそれを事前に視聴しておくことになっている。ただ、時間を決めリモートではあるがQ＆Aの時間をリアルタイムでとるようにした。

大学院生への個人指導もすべてリモートに置き換わった。こちらのほうはとくに問題はなかった。学生の研究テーマに応じて議論を誘発し、問題点を指摘し、研究を前に進めるよう促す。リモートでの指導に変えても、指導の内容ややり方が大きく変わるわけではないことがわかった。

一日一回の散歩以外はほとんど家にいた。食料品の買い出しは、当初は友人の世話になった。全面的なロックダウンの頃は、スーパーの配送サービスの予約はエッセンシャルワーカーや重症化の危険性のある人びとに限られていたからだ。友人Hさんの助けは本当にありがたかった。やがて感染が少しずつ収まり、スーパーの配送サービスが受けられるようになってからはそれを頼んだ。少々お金はかかったが安全第一。それ以前には週日のランチはカレッジのダイニング・ホールでとり、週に1度くらいは友人たちと外食の機会もあったのだが、ほとんど自炊生活となった。このような生活が2021年12月19日まで続くこととなった。

イギリスはこの間、3回のロックダウンを経験した。1度目が前述の通り2020年3月23日に始まり、5月に入り徐々に規制が緩和され、6月に終了した。3月、4月の時期は「すべての『エッセンシャルでない』ビジネスは閉鎖され、人びとは自宅待機を命じられ、食料の購入や医療上の理由など、必要な目的のためにのみ外出が許された」（Coronavirus: A history of 'Lockdown laws' in England, 2021）。レストランやバー、パブなどの飲食店は休業が義務づけられた。それに対応するための経済的支援がすぐさま講じられた。そのスピード感はたいしたものだ。さらには、厳しい時は家族など以外で3人以上、一段階緩和後は6人以上の人が集まることも禁じられた。

5月に入り、悲しく、ショッキングなニュースが届いた。3月に、ある博士課程の学生の論文審査（confirmation of status と呼ばれる最終段階のひとつ前の審査）を一緒にした他学部の同僚が、コロナで亡くなったというのだ。私よりずっと若い、多分50代前半だろう。論文審査の時はまだロックダウン以前で、当然、学生への口述試験も対面で、その先生の研究室で行われた。

　同僚の悲報で、コロナ禍が身近な出来事であることを知らされた。この他にも、私の隣人のきょうだいのひとりがやはりコロナで亡くなったことをその頃に聞いた。コロナの恐怖は私たちの身近にあった。しかも、まだウイルスについては、科学的にも十分知られていなかった。

　その頃はテレビでも、医療従事者でコロナに感染して亡くなった人たちの冥福を祈るとともに、その献身的な貢献に感謝するニュースが流れていた。先にも触れたように、3月にジョンソン首相も参加して始まった医療従事者の献身への感謝の表意である。毎週木曜日の午後8時に、同じ通りに面したご近所が一斉に家のドアを開け、拍手をしたり、お鍋をたたいたり、楽器を鳴らしたりする「儀式」になった。私も何度か家のドアを開け、拍手を送った。誰が通りを通るわけでもない、見えない医療従事者への謝意である。医療従事者へのこうした感謝の表明は、形式的と言ってしまえばそれまでだが、社会のために自分の身を危険にさらしてまで献身する人びとへの感謝と賞賛を近隣の人びとが素直に、率直に示していることに心が動いた。ひとつのコミュニティとしてこの難局を乗り切っていこうという意志の共同的な確認の場でもあったと思う。こういうところに、第二次世界大戦中のドイツ空軍による激しい空爆にも耐えたイギリス社会のレジリエンス(強靭さ)が表れているのかもしれない、と思った。

ワクチン接種と戦時下の記憶

1度目のロックダウンが功を奏し、2020年の夏には一時期感染者数が1000人を下回る時期が続いた。この夏の間は、今から思えば、一息つけた短い時間だった。帰国も考えたが、やはりまだコロナについてわからないことが多いことからあきらめた。この時点までで12年間、オックスフォードで暮らしてきたが、夏には毎年帰国していたので、イギリスで過ごす初めての夏となった。解放感もあって、2、3度友人たちと屋外のビアガーデンに出向いてイギリス風ビール(エール)と食事を楽しむ余裕も出た頃だ。新しい職場に移る同僚もいて、その歓送会もテムズ川支流沿いの屋外のパブで開いた。その頃味わったエールの味は忘れない。

しかし、9月下旬から感染の再拡大が始まった。政府は2度目のロックダウンを11月5日から12月2日まで行った。10月に新年度を迎えた大学の授業も、リモートに戻った。

それでも感染者数は大きく減少することなく、3回目のロックダウンが2021年1月6

日から始まった。同年3月末から徐々に規制が緩和され、7月19日に解除。その後はロックダウンという方法ではなく、コロナに対応していくこととなった。ロックダウンにともない学校も閉鎖された。地域による若干の違いはあるが、1度目のロックダウンでは2020年3月から5月いっぱいまでほとんどの学校が閉鎖された。2度目、3度目のロックダウンでは20年11月から21年3月まで、学校が閉鎖された。

イギリスがとったコロナ対策のうち、世界に先駆けて実施したのがワクチン接種だった。オックスフォード大学の研究グループがアストラゼネカ社と共同開発したワクチンの大規模接種が、21年1月4日から始まった。対象が65歳以上に広がったというニュースを聞いた2日後に、予約可能との連絡が私のスマートフォンに届き、簡単な操作を経て翌日、接種を済ませた。2月13日のことだ。

1回目の集団接種は、家の近くのNHS（国民保健サービス）傘下の健康センターが会場となった。予定より早く着くと、すでに建物の外に行列ができていた。イギリスに行列はつきものだ。みんな無言で列に並び、順番を待つ。ボランティアの人たちが誘導役を務めていた。20分くらい外で待って建物の中に入ると、氏名と予約の確認、健康状態についてのチェックがあり、あっという間に接種が終わった。その後、10分ほど建物の中で副反応が出ないか休んでいたが、とくに何も出ない。家に戻りその日は少し休んだが、熱が出ることもなく、打った箇所がやや痛むくらいで発熱もなかった。

欧州でも感染者数で一、二を争うイギリスでは、その深刻さのゆえにも、ワクチン対応のシステム構築が早かった。自国でのワクチン開発を急ぐとともに、接種に向けた体制づくりも早期に始まった。現在、先進諸国で使われるワクチンの承認・買い付けを最初に行ったのもイギリスである。接種開始の時期においても、拡張のペースにおいても、日本に比べ格段のスピードと規模感である。他の欧州諸国と比べても群を抜いた。

住民のほぼ全員が登録するNHSにはいろいろ問題があると言われてきた。しかし、1回目の大規模なワクチン接種に向けた取り組みでは、都市封鎖が続けられ、感染者数が1日1万人を超える状況下にもかかわらず、素早い対応を示した。イングランドではハブとなる206の病院に加え、競技場など大規模施設を活用したワクチン接種センターを50ヶ所設置した。さらに各地方に散在する地域の医療機関などを拠点に1200ヶ所に及ぶ接種場所を確保した。ボランティアも多数集まった。2度目の接種までの期間を最大12週間に延ばしたとしても、初回の接種を国民全体に広げることを優先した。

計画文書には、オペレーション（作戦）や「動員」、「戦略」といった戦時下を彷彿とさせる軍事用語が飛び交っていた。緊急時のシステムに求められる規模とスピードは、平時の幼児向けの予防接種やインフルエンザのワクチン接種とはまったく異なるからだ。この頃のニュースでは、日々の感染者数より、ワクチン接種の報道に目が向けられるようになった。ロックダウンといった受動的・消極的な対処ではない、ワクチンという武器を手に攻勢に転じた印象をメディアがつくりだしていた。おそらく、そこには、欧州での二つの大戦を乗り切ったこの国の記憶があるのだろう。感染症対策を国家の戦略的な問題だという専門家もいるが、ワクチンの開発、接種に向けてのオペレーション、そのために必要な人員の動員と、国を挙げてのコロナ対策によってイギリスが攻勢に出ることのできた時期の成功譚である。

オックスフォードも「ノーマル」へ

私の2回目の接種は21年4月24日。やはりスマホに連絡が入り、予約を済ませその3日後に前回と同じ近所の健康センターで接種した。1回目に比べ待ち時間もほとんどなく、予約時間よりも少し前に接種が済んだ。幸い今度も副反応はほとんどなかった。2度の接種で、もうこれで大丈夫だと思った——その時は。

その後ワクチン接種の全国的な展開の規模感、スピード感もあってか、5月から6月初旬頃まではイギリスの感染者数は2000人台で推移した。これで一安心かと思っていると、6月中旬くらいから徐々に感染者数が増えていった。デルタ株の流行だった。急拡大というわけではなかったが、2、3万人台を推移し、10月に入り、オックスフォード大学は新年度（ミカエルマス・タームと呼ばれる学期）を迎えることになった。

この頃イギリス政府は、厳しい規制を徐々に緩和し、学校や大学も通常通り再開する方針を立てていた。それに従い、オックスフォードでも「ノーマル」に戻ることになった。新入生を相手に、対面で授業や個別指導を行うように全教職員にメールで指示が出た。ただ、私の場合は基礎疾患があり、感染すると重症化するリスクが高いと日本の担当医から言われていた。そこでその先生に英語で私の基礎疾患について説明する手紙を書いてもらった。大学側はそれに加えイギリスの医師からのレターも必要だということで、日本の担当医からのメールをNHSの担当医に読んでもらい、その医師からも大学宛てに、対面での授業等を控えたほうがよいという内容の手紙を書いてもらった。それを学科に提出し、私の場合はこれまで通りのリモートでの授業や学生の指導、会議への出席ということが許された。

自宅の仕事部屋からTeamsを使って仕事をする。散歩や月に1、2回ほど研究室に資料を取りに行ったり、大部のプリントアウトをしたりする以外は、「ステイホーム」の生活が続いた。

こうした生活の中で、なんとかメンタルな面での「平常」を保てたのは、家族とのリモートでの会話や、週末に日本にいる大学院時代の友人たちとリモートで行ったおしゃべり、また心配して連絡をくれたHを含む大学時代の友人たちとは月に1度、リモートでの飲み会を開くことで、コミュニケーションのチャンネルがつながっていたからだ。2歳になった孫の顔や声をスマホ越しに見聞きするだけでも癒やされた。晴れた日の週末に日本人の友人と散歩する機会も助けになった。普段はすべて英語で仕事をしている私にとって、こうした日本語でのやりとりが頭を休め、またストレスをためすぎずに済んだのだと思う。週末に日本の映画やドラマを見て楽しんだことも、気持ちをリラックスさせるのに役立った。

2章 濃厚接触者のフィールドノート①
帰国そして第1次隔離生活（12月19日～26日）

帰国の途に

1章でまとめたように、こうしてなんとか過ごしているうちに、ひとつの決断をする時を迎えた。2021年10月14日、全日空ロンドン発羽田行き直行便のフライトを予約したのだ。それまでは年に2、3回、長期の休みのたびに帰国していたのだが、過去2年間は、新型コロナウイルス感染拡大のために帰国を躊躇していた。それが、3回目のワクチン接種が11月上旬にできそうだとわかったこと、またその頃の日本の感染者数が低水準で推移していたこと、しかも、1月からは1年間の研究休暇が取れることになっていたので、いつもの冬休みよりは長く日本にいられること、これらを勘案して、帰国を決意したのである。

決意などと言うと大げさに聞こえるかもしれない。それでも、日本に比べ桁違いに感染者数が多いイギリスで暮らし、ほとんどステイホーム状態の生活を続けていた私にとっては、これは大きな決断だった。チケットを予約した時点では、ワクチンを2回以上接種し、かつ搭乗前のPCR検査で陰性であれば、入国時の隔離は免除されることにもなっていた。それも私の背中を押した。

ところが、12月に入り様子が一変した。最初は南アフリカで感染が見つかった新種のオミクロン株が、世界的に警戒すべき変異株としてWHO（世界保健機関）から認定、命名され、その感染がイギリスを始めヨーロッパでも見つかり始めたのである。デルタ株より感染力が強いと言われたオミクロン株は、12月に入りイギリスでの感染者を急増させた。たとえば、フライトを予約した10月14日時点での7日間平均の感染者は4万5422人だったのが、2ヶ月後の12月14日には8万6609人にまで上昇していた。日本政府も直ちにそれに反応した。隔離免除の対象国からイギリスが外され、6日間の隔離が求められることとなったのだ。しかし、それだけでは終わらなかった。

以下に続くのは、帰国時の私の体験を記したフィールドノートを元にした記録である。実際の体験に加え、その過程で得た情報やそこで考えたことも付け加えてある。思いもよらぬ事態の展開から、「日本」の姿が浮かび上がってくるはずだ。

12月19日（日）：ヒースロー空港の搭乗手続き

66回目の誕生日は、ほぼ2年ぶりに日本に帰国する出立の日でもあった。午前中に早めに荷造りを終え、簡単なランチの後は、しばらくの間留守にする家の細々としたことの点検などをして過ごす。正直、少し興奮気味だ。

午後2時30分に予約していたG社のタクシーが迎えに来る。一応コロナ対策をとっているというタクシー会社を選んだが、運転手は私が車に乗るまではマスクをせず、乗車後もマスクは布製だった（不織布のほうが性能は高い）。アクリル板など、運転席と客席との間を遮断するようなものはとくになかった。大丈夫だろうか。

スーツケースを車のトランクに積み込み、帰国の時のためにと事前に買い求めた台湾製の高機能マスクを着用し、乗車した。運転手とは対角線上になる後部座席に座り、シートベルトを締め、窓を少し開ける。予定の時間に出発。

1時間ほどでヒースロー空港第2ターミナルに到着した。日曜日ということもあって、ハイウェイの混雑はなかった。道中はずっと少し窓を開け換気に努めた。タクシーやバスに乗って移動すること自体、実に2年ぶりだった。

全日空のカウンターに行き、搭乗手続きを済ませる。空港は私が思っていたよりは混んでいたが、セキュリティチェックを含め、密になることはなかった。街中ではマスクをつけている人をほとんど見かけないのに、空港ではマスク着用が義務づけられている。セキュリティチェックを抜け、ゲートに向かう。途中、免税店で日本へのお土産を買おうかとも一瞬思ったが、余計なことはすまいと、やめた。クリスマス休暇に帰国する人たちのピークを過ぎた直後だったからだろう、全日空羽田便のゲートの辺りもそれほどの混雑はなかった。日本のパスポートや永住権を持たない外国人の入国が禁じられていたことも一因だろう。他の先進国に比べ格段と厳しい水際対策――「鎖国」と呼ぶ専門家もいた。

午後6時30分頃に予定通り搭乗が開始された。機内に乗り込み、席に着く。機内も比較的空いていた。

およそ12時間のフライトは、いつもとは違い食事の時間以外はマスクをつけっぱなしだった。少々高価だった高機能マスクに信頼を寄せ、ビールやお酒も控え、眠りにつく。4時間くらいは眠れただろうか。うつらうつらしていると、搭乗機はほぼ時間通りに羽田に到着するとのアナウンスがあった。

12月20日（月）：羽田空港で検査後、隔離施設へ

日付が変わった20日午後３時40分頃に着陸した。予定よりも少し早い。機内アナウンスがあり、検査場の空き具合との調整によりしばし座席で待機するという。40分ほど経った頃、再び機内アナウンスがあり、乗客が機外へ出始める。

ボーディング・ブリッジを渡り、ターミナルに入ると少し緊張した。ロンドンのヒースロー空港への交通手段はコロナ対応のタクシーを利用し、空港での出国手続きは比較的スムーズに済み、人の多い場所を避けることが容易だった。それに対し、２年間在宅勤務をしていた私にとっては、羽田のターミナルは久しぶりの人混みだったからだ。これからどれくらいの時間がかかるのだろうか。それも心配だった。

最初に、出発国、滞在国のわかる書類を見せると、強制隔離が求められる国からの乗客とそれ以外とに分けられた。滞在国の確認が行われ、私の便の搭乗者は全員黄緑色のカード（６日間隔離）を渡され手首につけた。前後との距離を気にしつつ、列をなして入国手続きに進む。この動線に一度乗れば、自動的にそれぞれの隔離施設に誘導される仕組みだ。後から振り返れば、「要請」であっても自動的に「強制」隔離に進む見事なオペレーションだ。

ターミナル全体を動線が交わらないよう区切られた空間を、矢印に従って進んだ。入国前検査の陰性証明書、健康状態に関する質問票や誓約書の確認がアクリル板越しに対面で行われた。担当者はマスクにフェイスシールドをしていた。その間に抗原検査があった。

検査は唾液採取で行われた。プラスティック製の漏斗と唾液をためる容器がセットされた検査用キットが渡され、容器に線が引かれたところまで唾液を入れる。年齢のせいか、機内で水分を控えたせいか、唾液があまり出ずなかなかその線まで達しない。同時にそこに着いた人たちは次々と検体を渡し次のセクションに進んでいく。私は出遅れた。焦った。

検査を終えるとまた歩く。次は入国後の滞在地の確認や健康情報の送信に使うMySOSというアプリの確認、使い方の説明だ。スマホでの連絡先となるメールアドレス、位置情報を知らせるアプリもチェックする。

また歩く。出発ロビーとして使われる大きな空間に多数のイスが置かれ、距離を意識して、みな席をひとつずつ空けて座り、検査結果を待った。

検査結果は5~10分の間隔で十数名ずつ4桁の数字で呼ばれる。しばらくして私の番号35XXの前後や3600番台が呼ばれ出した。私の35XXはまだだ。1時間くらい経って少し不安になった。結果が陽性だった？　検体がうまく採取できていなかった？　心配になって近くにいた係の人に聞くと、結果が出るまでには個人差があるという。その会話が済むか済まないかのうちに、私の番号が呼ばれた。

指示されたカウンターで陰性の結果を聞く。ほっとする。その後、番号を呼ばれた10人ほどが縦一列に並んだイスに座るよう指示され、人数が揃うまで待機。全員が揃うと、次は案内に従って通常の入国手続きに移った。パスポートの確認、荷物の受け取り、税関の通過を終え、今度はバスを待つ場所へ列をなして移動した。

そこでおよそ20分待った後に、バスの駐車場まで50メートルほどをぞろぞろと歩いた。その後6日間、窓の開かない部屋で過ごすことを思えば、短いながら外気に触れた貴重な時間だった。駐車場には大型バスが10台ほど待機していた。隔離施設へ向かう民間のバスだ。

指示された一台に乗り込み出発を待つ。子ども連れの大荷物の家族が何組か同じ列にいたため、全員が乗車するまでに約30分かかった。バスの窓は閉まっていた。おしゃべりを続ける家族がすぐ近くにいた。赤ん坊が泣いていた。おしゃべりする幼い兄弟はマスクをつけていない。比較的空いていた機内より感染リスクが高くないか？　この30分は正直長く感じた。

出発を待ちながら、どの施設に向かうのか気を揉んだ。移動に1時間以上かかる都外の施設に入った人もいると聞いていたからだ。「ミステリーツアーの始まりだね」と、妻がＬＩ

NEで返信してきた。なるほど。この経験自体を楽しめばいい！

ようやくバスが動き出しても、なぜか運転手は行く先をアナウンスしない。いぶかしく思っていると、数分も経たないうちに「まもなく到着する」とアナウンスが流れたのには驚いた。停車したのは空港のすぐ近くのホテルだった。後で知ったが、開業前のこの新しいホテルは、隔離施設として国から借り上げられていた。

一組ずつエレベーターに乗るよう指示され、受付のある3階に着く。自分の番がくると、受付担当は東南アジア系の外国人だった。ちょっとクセのある日本語で滞在中の説明を受けた。部屋のカードキーと体温計を渡され「チェックイン」は完了。エレベーターの前で夕食の弁当とペットボトルのお茶を受け取り、部屋のある10階に向かう。部屋はこぎれいなシングルルームで、窓のカーテンを開けると首都高と多摩川の河口が見えた。首都高を走る車のテールランプが美しい。時計を見ると午後8時40分。着陸から約5時間。12時間以上かかった人もいるというから運がいいほうだ。

この日を振り返ると、複雑かつ大規模なオペレーションが羽田空港で展開されていたことが印象に残った。チェックポイントごとに多数の係員が対応する。アプリの設定をチェックしてくれた人は東南アジア系だったが、日本語がうまかった。後で調べると、求人サイトで羽田での入国者対応業務のアルバイト・派遣募集のページが見つかった。外国人を含め非正規雇用者を雇う民間企業にアウトソーシングしながら、複雑なシステムをつくり、それを動かす。スムーズに動いているように見えたが、ここまでくるにはいくつもの「改善」があったのだろう。

早速妻に電話をし、無事に部屋に入れた旨を伝えた。部屋の様子もビデオ通話で見せた。妻も安心する。ここでの6日間の生活が始まる。

人心地ついた後で、弁当を食べる。冷えてはいるが悪くはない。何より日本食だ。

食事を終え、スーツケースを開け、荷物を取り出し、浴槽にお湯を張った。風呂に入り、疲れた体をベッドに横たえる。新しいホテルだけあってテレビは新品の大画面だ。少しだけテレビを見てから、寝ようとしたがすぐには寝つけない。しばらくして寝落ち。夜中の3時前に時差ぼけで起きる。少し本を読んだり、YouTubeで音楽やトークを聞いたりしているうちに再び寝落ち。朝の5時頃再び目が覚め、それから先は起きていた。

12月21日（火）～26日（日）：第1次隔離生活

このホテルでは、毎回の食事はドアの外に置かれ、館内アナウンスで準備ができたことを知らせる。少し冷えたお弁当だが、煮物や漬物などが入っていたりして長らく日本食を食べていない身としてはありがたかった。若者向けなのか、揚げ物の頻度が高かった。紙パックのお茶がつく。ネット上では食事に関するさまざまな意見が挙げられていたが、私自身は食事に不満を感じなかった。

ただ、部屋からは一歩も外に出られない。運動不足を防ぐため自分なりにストレッチをし、かかと落としやスクワットで筋肉の衰えを防ぐ。この6日間に2度PCR検査を受けることになる。

検査キットが外側のドアノブにかかっていて、検体を容器に入れた後はそれをまたドアノブに戻す。人との接触は一切なかった。

1日に5、6回MySOSに連絡が入る。所在地の確認を行うということで、決められたボタンを押す。それとは別に、日に3回ほどランダムな時間にMySOSに連絡が入る。ビデオ通話で顔の映像を30秒間送るようにとの指示を受け、スマホのカメラを顔に向ける。GPSと連動し居場所確認が確実に行われている印象を受けた。

このような連絡が入る以外の時間は基本自由だが、窓の開かない狭いシングルルームの中で6日間いかにメンタルを保つか。精神的苦痛を感じる人もいるだろう。そこで私はこの体験をこうして詳細に記録することに集中した。このような「貴重な」経験自体を日本社会の研究材料にする。そう気持ちを切り替えることで、この6日間を意味あるものにしようと思ったのだ。

最初の6日間は国の管理下における（誓約書に自署した上での要請ベースの）「強制」隔離だった。私が調べた限り、ほとんどの国では入国者自身に隔離施設の費用負担を求めていた。国によってはその間に日本円で20万円以上かかる場合もある。それに対し日本では隔離中の滞在費はすべて国が負担する。それだけ入国者の数も増える。

たとえば、お隣の韓国の場合、入国者向けのウェブサイトには、「韓国への入国・到着後、全ての渡航者は、自費にて指定施設で10日間の隔離を行う必要があります。この方針は、韓国籍の人および長期滞在の外国籍の人には適用されません。これに該当する人は、自宅にて10日間の隔離を行う必要があります」（https://jp.trip.com/travel-restrictions-covid-19/asia-south-korea/）とある。韓国の場合、韓国籍を持つ人は10日間の自宅での隔離、それ以外の入国者は自費で政府指定施設に隔離されることになる。

台湾への入国については、基本的に外国人の入国は停止されている。

現在台湾に入境する場合、原則として14日間（入境日＋14日）の防疫ホテルでの隔離検疫及び7日間の自主健康管理が義務づけられております。

（新型コロナウイルス変異株「オミクロン株」流行地域（＝高リスク国）からの渡航者を除く）

入境時にPCR検査を実施

到着後14日間は自費により防疫ホテルまたは政府指定の集中検疫所にて隔離

隔離10日目〜12日目に家庭用簡易検査にて検査を実施

隔離終了前（12日目〜14日目）にPCR検査を実施

なお、政府指定の検疫待機施設の詳細情報は下記のURLからご確認ください（中国語と英語のみ）。中央流行疫情指揮センター（CECC）は、海外在住の台湾人等の春節帰省時の検疫場所の膨大なニーズに対応するため、2021年12月14日から2022年2月14日までの期間中、「7日間の自己負担による集中検疫所または防疫ホテルの入居＋7日間の在宅検疫＋7日間の自主健康管理」の選択肢を追加する予定です。

(https://www.tokutenryoko.com/news/passage/10628#quarantine_hotel)

基本的に「防疫ホテル」に自費で14日間隔離されるということだ。台湾、韓国といった東アジアの国や地域でも、日本のように政府負担の二段階での隔離といった「水際対策」はオミクロン株後でも行われていなかった。

参考までに「チェックイン」の時に手渡された、「検疫所宿泊施設滞在のしおり」を掲載しておく。これから過ごすこの場所は、正式には「検疫所宿泊施設」と呼ばれていること、外出や飲酒・喫煙の禁止が明記されていること、そしておおよその生活の流れがわかる。配食の方法や食事の受け取り方、ゴミの出し方についても説明がある。PCR検査のやり方については別にあった。

これらを読み、重要なポイントをチェックし、これからここに示された規則やスケジュールに従った「検疫所宿泊施設」での6日間が始まる。それはまるで「鎖国日本」への入り口が出島に限定されているかのように、外の日本とは文字通り空間的に隔離された施設での生活だった。

12月21日（火）：濃厚接触者と判明

時差ぼけで早めに起きたまま、寝ずに朝になった。6時30分頃、館内アナウンスがあり、この日にPCR検査を受ける人に検査キットが配布され、7時30分までに検体を採取するよ

2021/11/22

検疫所宿泊施設滞在のしおり

1　宿泊施設の過ごし方について

・宿泊施設からは外出できません。

・お部屋の中でお過ごしいただくようお願いします。荷物の受取、コインランドリー利用時は、必ずマスクの着用をお願いします。

・宿泊施設滞在中、飲酒、喫煙はできません。

また、マッチ・ライター・ろうそく等の火気・裸火を生じる器具の使用は一切厳禁です。退所前後問わず、滞在中にこれらに違反したことが判明した場合、施設において原状回復に要する実費（清掃費や対応に要した人件費等）をご請求させていただきます。

・Wi-Fi は無料で利用可能です。パスワードは、テレビの電源を入れると初期画面（ホテルインフォメーション）に表示されます。（画面左下の「インターネット接続方法」にカーソルを合わせ、画面を開くと ID とパスワードが表示されます。）

・待機施設内の様子などをＳＮＳや動画サイト等に投稿することはご遠慮願います。

・居室内の電話を利用しての外線通話はご遠慮ください。

・入浴の際は浴室の扉を必ずお閉めください。扉を開けたまま入浴されると、湯気で火災報知器が誤作動する場合があります。

・お食事（お弁当）は、下記時間にそれぞれご用意します。お食事（お弁当）は、お部屋外のドアノブにかけますので「配食しましたのでお取りください」というアナウンスの後、マスク着用の上、お取りください（インキーにご注意ください。）。

朝食・・・8:30 頃、　昼食・・・・12:00 頃、　夕食・・・・18:00 頃

・ゴミはスタッフが配食時に回収しますので、ゴミは全て配食時にお配りするごみ袋に入れ、袋口をしばって廊下にお出しください。

・ご家族等からの差し入れ及びデリバリーやネットショッピングのサービスをご利用いただくことは可能ですが、事前決済のみとさせていただきます。
また、各お部屋へのお届けには、業務の状況により多少時間を要する場合がありますので、あらかじめご了承願います。
※21:00～翌日 9:00 の間に到着する配送は、お預かりできません。
なお、冷凍・冷蔵品のお食事類は、温度管理できる保管場所がありませんので、お預かりはできません。
※お荷物お届けの際、配達員が道に迷った場合は、[illegible]にご連絡いただければ、係員が誘導いたします。
また、職員立会いの下（又はご了解の下）で、アルコール飲料及び刃物・火気類等の危険物等がないか、中身の確認をさせていただきます。
※ご注文後に、内線（「フロント」ボタン）にてデリバリーを注文した旨をお知ら

2021/11/22

せください。その際、①部屋番号、②お名前、③商品、④おおよその到着日時をお知らせください。
※誤配送防止のため、必ずお部屋番号をお伝え願います。

・コインランドリー（洗濯・乾燥）は１回500円(洗剤自動投入タイプ。所要時間１２０分）で利用可能です。（SUICA 等の交通系 IC カードも使用可能です）

コインランドリーの利用時間は 10:00〜17:00 となります。人数等に制限がありますので、ご利用は事前（7:00〜12:00 の間）に内線（「フロント」ボタン）にてお電話ください（ご利用の前後には、必ず手指消毒をお願いします。）。

・リネン、タオル等の不足、追加がありましたら、内線（「フロント」ボタン）にてお電話ください。

・お困りごとがありましたら、7:00〜23:00 の間に内線（「フロント」ボタン）にてお電話ください。（体調不良等緊急の場合は、24 時間いつでもお電話可能。）

2　体調の管理について

・入所時に体温計をお渡ししますので、毎日１回（朝８時頃）、体温を計測して健康管理チャットに入力してください。スマホがない方等、健康管理チャットが使えない方は、検温後、内線（「フロント」ボタン）にて体温をお知らせください。
　なお、健康管理チャットへの入力がなかった場合など、本部スタッフが電話で確認を行う場合があります。

・体調不良のときは、ちゅうちょせず、内線（「フロント」ボタン）にてお電話ください。

3　宿泊施設の退所について

・宿泊施設での検査と、検査結果が陰性だった場合の退所の時期については、次のとおりです。

① 待機期間１０日の場合

→ホテル入所日の翌日から３日目、６日目及び１０日目に検査を行い、検査結果が陰性の場合、退所となります。（例：７月１日に入所の場合、７月４日、７月７日及び７月１１日に検査を実施）

② 待機期間６日の場合

2021/11/22

→ホテル入所日の翌日から3日目と6日目に検査を行い、検査結果が陰性の場合、退所となります。（例：7月1日に入所の場合、7月4日と7月7日に検査を実施）

③ 待機期間3日の場合

→ホテル入所日の翌日から3日目に検査を行い、検査結果が陰性の場合、退所となります。（例：7月1日に入所の場合、7月4日に検査を実施）

・退所時間は、14:00～16:00 を目安にご案内しますので、それまでに手荷物をまとめておいてください。状況により時間は前後します。

・退所時には、ルームキーと体温計を受付（1階）でご返却ください。なお、お部屋のドアは、ドアガードを使用し、半開き状態にしてご退室ください。

・退所の際には、宿泊施設から「羽田空港第3ターミナル」行きの無料バスをご用意します。

・ご家族等の迎えやハイヤー等とのお待ち合わせは、羽田空港第3ターミナルにてお願いします。当宿泊施設でのお待ち合わせはできません。

・当宿泊施設からの荷物の発送はできません。空港内の宅配カウンター等をご利用ください。

う伝えた。それからしばらくして、今度は朝食が配布される旨のアナウンスと、それが終わったのでドアノブにかけられている食事（弁当）を、マスクをしてドアを開けて取ってくださいとのアナウンス。レジ袋に入った弁当を受け取った。朝食はパン食だった。デザートにカップのフルーツゼリーがついていた。

朝食が終わってしばらくした頃（9時44分）に「【重要】〈厚生労働省〉搭乗便における陽性者確認のお知らせ」とタイトルのついたメールが届く。

その文章をコピーする。

- あなたが搭乗していた航空機において、新型コロナウイルス感染症に関する検査で陽性と判定された方が確認されました。入国から14日間の自宅又は宿泊施設での待機、健康状態や位置情報の報告など、空港で提出していただいた誓約事項の遵守を改めてお願いいたします。
- 機内での濃厚接触の可能性については、現在調査中です。濃厚接触者である可能性が高い場合には、入国者健康確認センター、及び保健所から個別に連絡をいたしますので、保健所へのご連絡は不要です。体調の変化には十分にご留意ください。（以下に英訳が続

く）

要するに感染者が同じ機に乗っていたというのだ。6日間では終わらないではないか！オミクロン株であれば、濃厚接触者となり、あと1週間隔離・待機の期間が延びる。詳細はまた連絡するとあるので待つことにする。午後、眠くなったので、昼寝を2時間ほどしただろうか。気がつくと、寝汗をかいていた。めったにないことなので正直驚く。すぐに体温を測ると36度8分。平熱が36度前後だから、普段よりは少しだけ熱がある。ちょっと心配だが、ここまで来ればもうどうしようもない。

ネットで調べてみると、オミクロン株以前には、搭乗機に感染者が出た場合、前後2列、つまり5列分の座席に搭乗していた人びとのみが入国者に適用された濃厚接触者だった。それが、オミクロン株の発見とその感染が空気感染により感染力を強めているとの初期の経験に基づき、感染者がひとりでも出れば、座席に関係なく、同乗者全員を濃厚接触者として認定し、14日間の隔離を求めると方針を変えたのである。この方針は、12月1日以降の入国者に適用されることになった。

資料としてNHKニュースの原稿を引用する。

NHK 防災ニュース2021年12月2日 4時49分
オミクロン株感染者と同じ飛行機の乗客は宿泊施設待機 厚労省

新型コロナの新たな変異ウイルス「オミクロン株」への感染が国内で相次いで確認され、厚生労働省は感染者と同じ飛行機で入国した人は全員濃厚接触者と見なして自宅ではなく宿泊施設での待機を求めるよう自治体に通知しました。

南アフリカで確認されたオミクロン株をめぐっては、▽ナミビアから入国した30代の外交官の男性に続き、▽1日はペルーから入国した20代の男性の感染も明らかになりました。

厚生労働省は、海外から入国した人にオミクロン株への感染が確認された場合は、同じ飛行機に乗っていた人全員を濃厚接触者と見なし、入国後14日間は自宅ではなく宿泊施設での待機を求めるよう1日、全国の自治体に通知しました。

今回、感染が判明した2人と同じ飛行機に乗っていた乗客は合わせて184人で、このうち167人は当初、自宅で待機していましたが、全員、原則として宿泊施設に移ってもらうということです。

これまで入国後の14日間は自宅で待機することも認められていましたが、オミクロン株の感染力はデルタ株を上回る可能性があることから、周囲との接触をより確実に避けるため、対策を強化したということです。
また、オミクロン株への感染が確認された場合は、自宅や宿泊施設での療養ではなく原則、医療機関への入院を求めるとしています。

午後、『日本経済新聞』から依頼された「経済教室」欄への原稿（年明け掲載予定）の校正作業をしたり、テレビでドラマを見たりしているうちに夕食の時間となった。若者向けのメニューなのだろう。唐揚げにフライ、ハンバーグ。小さなブロッコリー。全般的に野菜が少ない。米食は問題ない。やはり日本のお米の水準は高い。
夕食後はメールを書いたり、部屋のテレビからネットにアクセスするサービスがあるのに気づき、好きな映画を見たりして過ごす。

12月22日（水）：「緻密」なシステム

時差ぼけは続いている。午前3時頃に目が覚めた。起きると少し汗ばんでいた。少し熱っぽい感じがしたのですぐに体温を測ると36度8分。少しうとうとして6時に目を覚ます。しばらくして体温を測り直したら36度6分だった。それでも普段の平熱に比べれば少し高い。心配は続く。

朝食を食べている時、私の居住するN市の保健所から電話があった。濃厚接触者だと判明したとのことだった。平熱より体温が少しだけ高いこともあり、ちょっと心配になる。これから先の対応について私のほうからいくつか質問をした。その後、今度は私の健康状態や既往歴、服用している薬などについて質問を受けた。基礎疾患があり、何種類も薬を服用していることを伝えた。県が用意するホテルが空いていれば、26日にこちらを出る際に迎えの車をよこすということだった。

ここからは国の管理を離れ、それぞれの居住地の保健所が対応する。国から自治体へのバトンタッチが行われるということだ。一緒にホテルに入ったグループと分かれ、それぞれ所属する自治体がそれぞれに濃厚接触者への対応を行うことになる。そして、厚労省が運営するもうひとつのアプリにも毎日健康状態を報告しなければならないという。国の仕組みと自治体の仕組みとの連携なのだろうが、イギリスならNHS（国民保健サービス）のシステムひとつで対応するところだろう。その分、日本のほうがきめ細かな対応なのかもしれない。

この連係プレイについては考えてみる価値がある。

この文章を書いているうちに、厚労省のHER-SYSというシステムに登録して健康情報を提供するようメールが来た。ここに送信する健康情報がN市の保健所にいくようだ。厚労省は入国者用のMySOSというアプリとは別に感染者や濃厚接触者向けのアプリをつくっているのだろう。

調べてみると、このような概要を見つけた。

HER-SYSの概要

厚生労働省では、保健所等の業務負担軽減及び保健所・都道府県・医療機関等をはじめとした関係者間の情報共有・把握の迅速化を図るため、新型コロナウイルス感染者等情報把握・管理システム（HER-SYS）を開発し、２０２０年5月末から運用しています。HER-SYSを活用することにより、医療機関においては、発生届の入力・報告を電子的に行うことができるとともに、自宅療養中の方などにとっても、毎日の健康状態をスマホ等で簡単に報告をすることができます。

自宅療養中の方などからご入力いただいた情報は、管轄している保健所へ反映・共有されるため、それぞれの方の状態を迅速に把握し、適切なフォローが可能になります。
(https://www.mhlw.go.jp/stf/seisakunitsuite/bunya/0000121431_00129.html)

要するに、感染者等の情報を国と地方の保健所が共有するためにつくられたシステムのようだ。デジタル化の遅れが指摘されてきた感染対策に対する「改善」のひとつだろう。それは「出島」と「日本」をつなぐツールであるかのようだ。

昼食が配られるというアナウンスがあった。お昼は中華風のお弁当。なかなかバリエーションがあっておいしい食事になった。

午後1時53分にスマホに、顔の映像を30秒間送るよう連絡があった。今回が初回だ。位置情報とあわせて現在の居場所にいることとの確認のためだ。これをあと2週間近く続けることになる。そのためのMySOSというアプリを入国までにインストールするように指示があり、空港でもその確認と使い方の説明が行われたことは前述した通りだ。位置情報と連携することで隔離場所にいることを確認する。当たり前と言えばそれまでだが、法的強制力を持つ隔離と違い、誓約書と要請ベースで行われる行動統制を有効にするためのICT（情報通信技術）利用である。要請を履行しているかどうかをこうして確認するシステムをつくり、それを毎日当該の帰国者相手にチェックすることで「監視」が行われる。感染が拡大しないための防御策には違いない。日本の行政のデジタル化が遅れていることや、あまりに多様な個別のケースに効率的に対応することが急がれているのだろう。

だが、これに違反しても罰せられることはなく、悪質な場合に官報に氏名が公表されるだけだという。たまたまタイミングが合わずに出られない場合でも、次の連絡の際に応えればよいという。つまり、100%がめざされているわけではない。罰則なしで行動統制を行うために必要な「頻度」（14日間かならず1日1回！）であり、そのためのデジタル化なのだ。

テレビのニュースでオミクロン株の市中感染者が大阪で見つかったとの報道があった。これがどれだけのスピードでどれだけの広がりを見せるかによって、多額のコストをかけて築き上げた入国管理システムの意味がなくなる可能性が出てくる。いくら外国人の入国を禁じても、毎日数千人が帰国し、その半数以上がオミクロン株感染がわかっている国からだとすれば、相当数の入国者の検査の体制と隔離施設の確保、さらにそこへの帰国者の振り分けや食事などの対応、3日に1度のPCR検査の実施と、複数の課題をこなすシステムも、蟻の一穴でその意味がなくなる。

こうしたコストに見合わないシステム構築の効果の薄さは、冷静かつ合理的に考えれば容易に推測できるから、他の先進国では特定の国々からの入国を禁じるか、入国者の自己負担・自己管理・自己責任、それも罰則付きで行うという対応に留めているのだろう。外国人の入国を原則すべて禁じて日本は「鎖国」政策をとっているのに、日本人入国者に対してはこれだけ無駄に（？）きめ細かい、だがけっして水も漏らさぬほどの厳密さ・精密さを持っているわけではない仕組みでの対応。今後の数日間でどれだけ市中感染が発見されるか。その規模とスピードによっては、入国制限の一見緻密なシステムは不必要になる可能性がある、と思った。

高校時代の友人たちにLINEで帰国した旨を報告した。今羽田空港近くのホテルに隔離されていることを書いたら、友人のAからすぐに返信があった。医者の立場から、今の時点で何の症状も発熱もなければほとんど感染していないこと、医者の間ではオミクロン株は重症化しないという認識があることを伝えてくれた。ほっとする。友だちはありがたい。

12月23日（木）：コロナ対策の「日本モデル」とは？

昨日は昼寝をしなかったので、夜9時頃に就寝。大学時代の友人Tから、マスクをして寝ると乾燥で喉を痛めないと聞いたので、妻がつくってくれた布製マスクをして寝た。午前3

時頃に一度起きたが6時頃までよく眠ることができた。6時30分頃に今日PCR検査を受ける人向けのアナウンスがあった。私の番だ。7時にキットの準備ができた、ドアノブにかけてあるから取って7時30分までに検体を出しておくようにとのアナウンスがあり、検査容器に唾液を入れる。空港では焦ってなかなか唾液が出なかったので、ゆっくりと少し多めに入れた。

8時少しすぎに検体の回収があった。ドア越しに見ただけだが、回収に来た人たちは感染予防のためにかなり厳重な防護をしているようだった。

今朝のテレビで、大阪でオミクロン株の市中感染者3人が見つかったニュースの続報があった。3人は家族で父親が小学校の教員ということもわかり、学校の教職員の検査をしたところ、もうひとりの感染者が見つかった。オミクロン株かどうかの報道はまだない。また同じ家族の2人の子どもについても検査中だという。おそらく他の県でも遅かれ早かれ市中感染のケースが見つかるだろう。PCR検査の徹底を岸田首相が宣言しているが、他の先進国に比べその規模もスピードもこれまで遅れていた感がある日本で、どれだけオミクロン株対策として検査を拡大できるか。イギリスやデンマークでは検査が徹底しているのでオミクロン株の感染者がつぶさに把握でき、感染拡大の実態がすぐにわかる。それと同様のことが日本で今後できるのか。オミクロン株という新たな「脅威」によって、日本の対応力が再度試されることになる。

オックスフォードにいた時からJohn Campbellという健康保険関係の専門家でユーチューバーの発信に注目していた。彼は今、オミクロン株について頻繁に各国の重要な情報を集め発信している。その信憑性については多様な意見や評価があるようだが、オミクロン株が今のところ重症化には結びついていないことをさまざまなデータを用いて何度も発信している。

朝、テレビのワイドショーを見ていたら、アメリカ人のタレントでコメンテーターのモーリー・ロバートソンが、デルタ株では日本モデルがうまく機能したが、オミクロン株でこのモデルが通用するかどうか、という興味深い指摘をしていた。日本モデルとは何か。要請ベースで多くの人びとがそれに従う。また今回の入国時点でのかなり複雑でコストのかかるオペレーションを行うような、ノーコロナ・ノーリスクといった国民の声に応える「安心・安全対策」も、ある意味では日本モデルの延長線上にあると言えるだろう。

隔離については、誓約書を書いた上で要請に応えるのであり、罰則は日本国籍を有する者の場合、違反者の氏名を公表するに留まる。イギリスのように、法に基づき、高額の罰金が科されるわけではない。この要請―誓約ベースで、これだけのオペレーションを実施し、日本人入国者はそれを表立って批判することなく、国内にウイルスを持ち込んではいけない、自分が感染源にはならないようにといった配慮もあって、自ら進んでこの仕組みに比較的従順に応じる。これも日本モデルと見えるのだろうか。

もうひとつ興味深い情報がNHKのニュースから得られた。岸田首相が12月23日に行ったコロナ対策への姿勢についてである。引用しておく。

新型コロナの変異ウイルス、オミクロン株の市中感染とみられる感染者が大阪府で初めて確認されたことを受け、岸田総理大臣は検査体制の充実や病床の確保など、今後の感染拡大に備えた対策を徹底する考えを強調しました。

岸田総理大臣は都内で開かれた経済関係者らの会合であいさつし、新型コロナへの対応について「未知のウイルスだからこそ、リソース＝資源を集中投入する。危機のときにはトゥーレイト・トゥースモールより、拙速、やりすぎのほうがましであるという考え方に基づいて取り組んでいる」と述べました。

そのうえで「最近はオミクロン株という全く未知のリスクが加わった。わが国の感染者の中に重症者はまだ出ていないが、感染力の高さやワクチンの有効性しだいでは、医療提供体制に大きなストレスがかかることもある。知見がはっきりするまでは慎重の上にも慎重な対応をとる」と述べました。

そして、オミクロン株の市中感染とみられる感染者が22日、大阪府で初めて確認されたことについて「水際対策によって得られた時間的余裕を使って、予防、検査、早期治療という一連の流れを強いものにしていく。さらに、病床や宿泊療養施設の確保、医療機関の連携強化についても官邸主導で備えてきた」と述べ、今後の感染拡大に備えた対策を徹底する考えを強調しました。

(https://www3.nhk.or.jp/news/html/20211223/k10013400251000.html：NHK NEWS WEB)

水は漏れる。

12月24日（金）：ニュージーランドの対応

テレビを見る時間が増えているが、ワイドショーではどこもオミクロン株についてのニュースを中心に扱っている。最初に大阪で発見された市中感染が京都でも見つかった。千葉県でもオミクロン株の感染者が見つかったというニュースを見た。海外からのウイルスの侵入、それに加担する帰国者という構図が前提となっている。たしかに完全に国境を閉ざしていれば変異株が入ることはない。基本的に外国人の入国を禁じている現在、ウイルスを持ち込むのは海外からの帰国者しかいない。これは事実である。だが、この事実をどのように意味づけるかについては、その社会の個性が表れる。

ニュースによれば、東京都の場合、濃厚接触者のうち都が求めた宿泊施設に実際に移動した人は全体の3分の1に留まるという。

前に台湾や韓国については調べたが、今朝は比較的コロナ対策でうまくいっている同じ島国のニュージーランドについて調べてみた。12月23日現在では外国人の入国を原則禁じているが、自国民を含め入国者についてはフライトの予約時点で、10日間の隔離生活を送る政府認定の場所に予約ができていることを条件に、証明書（バウチャー）を発行し、それなしではそもそも出国できないような仕組みをとっているという。その認定されるホテル等も数に制限があるようだ。2度のワクチン接種はその際の重要な条件にもなっている。空港での手続き等の詳細はわからないが、検査を空港で行うわけではなさそうだ（https://www.immigration.govt.nz/about-us/covid-19/border-closures-and-exceptions/entry-to-new-zealand/border-entry-requirements）。

政府に認定された施設を出発前に自分で予約し、その証明書がなければ出発ができない仕組みの下で、オミクロン株の拡大を受け出発前48時間以内のＰＣＲ検査（それ以前は日本と同様に72時間だった）の結果、２度のワクチン接種、入国後24時間以内の施設でのＰＣＲ検査という仕組みは、空港での混雑を避ける上で有効な方法と言える。隔離期間を７日から10日にしただけで、入国後にとくに症状が出なければさらなる検査を求めているわけでもない。入国前に証明書の発行という方法を使うことで、入国後の諸手続きの負担を減らすことや、あらかじめ条件に見合った人しか帰国できないことで入国制限を行う仕組みは、受け入れ側にとっても入国者側にとっても理に適っているように見える。しかも滞在費は自己負担だ。

昨日のＰＣＲ検査の結果について電話で報告があった。陰性だった。

12月25日（土）：行政の「混乱」から見えるもの

クリスマス。といっても「検疫所宿泊施設滞在」者にとっては特段変わったことのない一日だ。食事もとくに変化はない。

午前７時に２回目のＰＣＲ検査が行われた。７時20分頃に検体を提出。これで陰性であれば、別の隔離施設に向かうことになる。８時前に、健康状態を２ヶ所にスマホで報告する。体温は36度３分。もう心配ない。

オックスフォード大学に滞在する研究者たちを中心に、日本に帰国する際の情報交換をしようということでLINEのグループをつくっていた。そのメンバーの数人がイギリスから帰国し、私同様6日間の隔離生活を続けている。その中のひとりが羽田空港での抗原検査のやり方に疑問を呈していた。漏斗と唾液採取用の容器を渡され、それぞれが一応は簡単な間仕切りをしたブースのようなところで採取する。問題は採取が終わった後だ。サンプルを入れた容器は提出するが、漏斗はそのブースの足下におかれたゴミ箱に廃棄する。廃棄物の管理にはとくに注意が払われている様子はなかった。感染者が採取に利用した漏斗も同じ場所に捨てられる。つまり漏斗の廃棄に対しては安全が配慮されていないというのだ。なるほどと思った。

もうひとつ昨日あった出来事を記す。午後4時頃、N市の保健所から電話があった。県の施設に移る場合の移動についての話だった。当初の話は（のちに訂正されたが）保健所の担当者の混乱を示すひとつの事例と言える。

濃厚接触者は他の待機滞在者と一緒のバスでは空港に戻れない。それぞれが所属する自治体が用意する隔離施設に移動し、14日間隔離の残りの期間を過ごすことが求められている。しかし濃厚接触者の移動をどのように行うかという問題が残る。今いるホテルの滞在者の居住地はばらばらで、したがって濃厚接触者になった場合に担当する自治体も異なっている。

だが、当初、保健所の担当者が私に伝えたのは、濃厚接触者はひとつのグループとして同じバスに乗って空港に戻り、そこで各自治体の指示に従って決められた隔離施設に向かう、ということだった。すぐにこれは変な話だと私は疑問に思った。いくら当日の朝に知らされる検査結果で陰性の人たちが集められるとはいえ、感染している可能性があるから濃厚接触者として認定されているのではないか。だからこそ、最初の「検疫所宿泊施設」での隔離を終えた後で、さらに別の場所で数日間の隔離を求めるというのに、濃厚接触者を同じバスに乗せるという。そこでの感染リスクは考慮されていないのか。

けっして詰問調ではなく、できるだけ穏やかにそのような趣旨の疑問を電話の相手に投げかけてみた。それに対し、しばらく時間がほしいと言われた。おそらく上司や県との相談が必要だと感じたのだろう。

5時半頃に再び電話があり、先ほど伝えた移動方法は誤解に基づくものだったと訂正を告げられた。そして、県が提供する施設に入れる場合には、県が手配する私ひとりのための交通手段（タクシーか県の車だという）で今いるホテルから次の隔離施設まで移動するという。

当日、準備ができた時点で連絡するから、それまでは部屋で待機していてほしいということだった。何らかの事情で県が用意した施設に入れない場合には、自分で予約したハイヤーで帰宅し、自己隔離を8日間続ければよいという。保健所の担当者によれば、最初の電話では担当者間でも認識の共有ができていなかったと率直に伝えてくれた。その点で私の指摘はありがたかったとも言われた。

このような軽度の「混乱」から何を読み取ることができるだろうか。混乱の一因となった、当初伝えられた方針通りの措置（濃厚接触者を同じバスに乗せて空港に戻る）を元に考えてみよう。

このような方針がとられたとしても、濃厚接触者の「外部」との接触を断つという目的には適っている。しかし、濃厚接触者を集めて同じバスに乗せるという方法には問題がある。「前日の検査で陰性であれば感染させることはないのだから一緒にしても大丈夫だ」という前提があるから、このような方法に疑いが持たれなかったのだろう。だが、濃厚接触者の間でも、感染している可能性の高い人と低い人がいる。機内での感染者との座席の近さにもよる。それを考慮することなく一律に同乗者全員を濃厚接触者としてしまった。そのために、このような違いを同じように扱うことで、濃厚接触者の間で感染させてしまう危険性については考慮されなくなる。コロナに日々対応している職員であれば、当然気づきそうな疑問である。それでも混乱が生じた点に、「隔離」の問題が潜んでいる。

このような混乱から見えてくるのは、「隔離」とは第一義的には濃厚接触者と「外部」との隔離を意味するということだ。たしかに、濃厚接触者同士の隔離は滞在中のホテル内では徹底していた。にもかかわらず、濃厚接触者の移動の方法については小さな混乱が生じた。私の場合は空港近くのホテルなので、たとえ一緒のバスに乗っても短時間で済むだろうが、空港から時間のかかる場所に隔離された濃厚接触者の移動はどのように考えたのか。移動の当日、PCR検査の陰性という結果が感染の可能性の低さを示すというのなら、自宅で自己隔離することを選んだ人たちの移動について公共交通機関の利用を禁じるのはなぜだろう。可能性は低くても、「外部」の人たちに感染を広める可能性を認めているからではないのか。やはり第一義的には外部との隔離が優先される、そのような前提が関係者の間でもあったのかもしれない。

実際には、2度目の隔離が自治体に任され、移動についても個別の対応を行うことがわかった。そのような対処をするのは、たとえ移動のコスト（一人ひとりにタクシーか自治体の車を手配する）がかかっても、外部との隔離と濃厚接触者同士の隔離を同時に行うためだろう。感染者からの隔離ということなら、もう少しわかりやすいのだろう。それが今回のような機内での濃厚接触者をめぐる隔離となると、複雑さもその解決にかかるコストも増す（しかもコストの割に効果は薄い）。濃厚接触者の移動手段をめぐるこの小さな混乱は、隔離という考え方の混乱と重なっている。

対応の個別性と統一性についても考慮すべき論点がいくつかある。1度目の隔離は国が管理し、統一性に重きが置かれる。ほぼ全員が提出した誓約書に従って、滞在した国に応じて3日間、6日間、10日間の隔離がほぼ全員に統一的に行われる（期間は滞在地域による）。他方、「濃厚接触者」への対応は、国からの管理を離れ、自治体が対応する。おそらく（入国者以外の）市中感染者の濃厚接触者への対応がそのまま機内濃厚接触者にも適用されたためだろう。

12月26日（日）：いくつものダイコトミー

まずは昨日の続きを記す。

N市の保健所より、26日からの隔離施設への移動が可能だとの連絡があった。行き先は別の空港の近くにあるホテルだ。今日の午後2時10分頃に迎えの車が来るという。自治体による濃厚接触者への個別対応である。このような濃厚接触者が毎日何人くらいいるのだろうか。

またそれに対応するために自治体にはどのような、そしてどれだけの負担が求められるのだろうか。

保健所からの連絡はいつも丁寧で、こちらの事情に耳を傾けようとする雰囲気が電話越しにも感じられた。おそらくこれまでにも感染者や、感染者と直接接触があった従来の意味での濃厚接触者への対応をふまえているのだろう。オミクロン株の感染拡大と、それが入国者に生じることが珍しくなくなる中で新しく定義された機内濃厚接触者への対応は、その点でもマージナルな（境界線上の、際（キワ）の）立場にある。

昨日、東大時代のゼミ生であったOさんと久しぶりに電話で話をした。この間の経験を空港での何時間にも及ぶ入国手続きから、このホテルでの隔離生活、そして濃厚接触者として認定され、それが地方自治体の個別対応となる点などを伝えた。会話のキーワードのひとつが「マージナル」である。

この会話に触発されて考えた。

入国自体、国境をまたぐ境界＝際（キワ）＝マージナルに直接関わる現象だ。さらに今回のように感染の有無の確認によってもたらされた強制隔離という状態は、入国後でもしばらくの間社会との接点を最小限にする境界＝マージナルに位置する。そして濃厚接触者というカテゴリー（分類）――これも感染者でも非感染者でもない、まさにその境界線上＝マージナルに位置する存在として認定されている。

しかも今回の場合には、オミクロン株という新たな変異ウイルスへの感染者が事後的に発見された場合に、そのフライトに同乗していた全乗客が、感染者との実際の接触チャンスとは関わりなく、濃厚接触者として認定されるという、あまり科学的な根拠を持たないカテゴリー化によって新たに生み出されたマージナルな（境界線上にある）分類である。こうした幾重にも重なるマージナルな立場から見えてくる「水際対策」（「際」＝マージナルを扱う対策）の特徴には、ある種の科学性と科学的根拠の薄い政治的判断＝パフォーマンス、厳密な対応と杜撰（ずさん）な対応、官僚的な一括対応と懇切丁寧な個別対応、国や地方自治体の責任と個人の責任との微妙な線引き、などなど、いくつもダイコトミー（二分法的な言葉のペア）のセットと重なり合う。そこに日本的水際対策の特徴が表れる。

たしかに、「やっている感」は示されている。「断固とした」「毅然とした」即断即決。手遅れとなるより、過大で拙速であっても迅速な対応――こうした政治の言葉が印象づける、国民に「安心感」（安全ではない）を届けようとする対応である。だが、その実効性は科学的・合理的・論理的に判断されているわけではない。もちろん不可知の感染症であり新たな変異株なので、こうした曖昧さやゆるさの余地を残しても、ある部分を徹底して行うことに一定の効果はあるのだろう（市中感染の時期を遅らせる等。ただし、この「稼いだ時間」で何を準備するかが問われなければならない）。

ニュースでは「市中感染」という言葉の登場する機会が増してきた。それにつれ、「濃厚接触者」という言葉も、入国管理とは別の文脈で使われるようになった。従来の意味での用法である。ただ、この従来の意味での濃厚接触者が登場する頻度が増すにつれ、入国者に使われる「濃厚接触者」の意味との乖離が明確になる。前者（従来の意味）においては感染経路を追跡し、それ以上の感染拡大を防ぐ目的で、従来通りの対応が求められる。それに対し、新しいカテゴリーとしての（機内）濃厚接触者の場合には、実際に接触があったか否かの根拠はなく、空気感染の可能性がオミクロン株によって高まったという判断から同乗者全員が濃厚接触者となる。従って数の点ではるかに大きくなり、その分、感染の可能性は低くなる。

このような政府の対応をポピュリズムだとする見方がある。得体の知れない大衆の要求に従う。ゼロコロナをめざし、外部からの侵入を嫌悪する。来年（2022年）の参議院選挙を目途に、人気取りの印象操作を行う政治のあり方は、医学的な意味での科学性も、政策科学としての科学性もともに欠く。

この頃、日本全体の新規感染者数は260人ほど。その多くはまだデルタ株だった。

3章 濃厚接触者のフィールドノート②
第2次隔離生活（12月26日〜1月3日）

12月26日（日）続き：N市のホテルへ

PCR検査の結果は陰性だと内線電話での報告があった。その後、午後2時頃、再び電話があり退所するので準備をしてほしいと言われた。2時10分頃にドアがノックされ、担当の方から荷物を持ってエレベーターで1階まで降り、そこでカードキーと体温計を返し、その後の指示に従うよう言われた。

ひとりでエレベーターに乗ると、途中9階で一度止まった。別の退所者（家族）が担当の人とエレベーターを待っていたが乗らずに、そのまま私だけが1階に到着した。入所者同士の接触を、相当気をつけて避けていることが改めてわかった。1階に着きカードキーと体温計を返すと、出口に向かうように言われ、駐車場近くの裏口のようなところから外に出る。久しぶりの外の空気だ。その後、駐車場で待つタクシーまで案内され、荷物をのせ、自分も乗り込む。

タクシーは運転席との間の空気の流れを止めるために透明のビニールのようなもので隔てられ、目張りもなされていた。運転手への感染を防ぐためだろう。イギリスでヒースローまで乗ったタクシーと比べると安全対策は格段上だ。

乗り込むとすぐに発車し、高速道路に乗り、次のホテルに向かう。出島から別の出島への移動だ。1時間と少しでホテルに到着。タクシーが止まると、ある番号に携帯から電話をするよう言われた。それが到着者の確認になっているようだ。地下の駐車場でタクシーから降り、スーツケースを引きずりエレベーター（おそらく荷物搬送用）で1階に上がる。そこでは受付の人がアクリル板越しに入所者を待っていた。私の前に先着していた若者（男性）の手続きが終わると、すぐに私の番になった。私の後には誰も待っていない。

まず名前の確認と、すぐさまパルスオキシメーターで血中酸素濃度を測定した。健康状態について簡単な質問を受けた後で、処方している薬の種類とあと何日分あるのかについて質問された。ぜんぶで6つの質問に答えると、33X号室のカードキーと、体温計、パルスオキシメーター（毎日2度測定し報告する）、ここでの滞在に関する注意書きが入った封筒を渡され、33X号室にエレベーターを使って自分で行くようにと言われた。国の管理下だった前の羽田空港そばのホテルと比べると、それぞれに付き添いがつくわけではない。部屋に入ると、ツインの部屋だった。窓を開けると隣家が見えた。坂道に建っている建物のようで、3階だがすぐ下に道路が見えた。「日本」との距離が縮まった気がした。

Wi-Fiに接続し、妻に連絡を取る。部屋の様子をビデオ通話で見せた。前の部屋より広い。外の景色はお世辞にも風光明媚とは言えないが、窓が開けられる分、外の空気も吸える。解放感がある。

さっそく体温を測るように言われたので、渡された体温計で計測。35度8分だった。平熱に戻った。安心。

しばらくすると電話があり、健康状態についての質問を受け、またここにいる間に日に2度、体温と血中酸素濃度を測り記録しておくよう言われた。記録のための用紙が先ほど渡された封筒に入っていた。そこに記録し、その後、電話があった時にその数値を報告するようだ。スマホのアプリとは違う管理の仕方だ。

時間は前後するが、ホテルに向かうタクシーの中で、MySOSに居場所確認の連絡があった。返信すると待機場所とは違うのですぐに戻るようメッセージが来た。部屋に入ってから待機場所をそれまでの羽田のホテルからN市のホテルに変更したら、今度は受け入れられた。

電話で体調報告をする際、1月3日の退所後のことについて保健師さんに質問をした。PCR検査が、月、水、金と曜日で決まっているので、12月31日が最後の検査になる。そこで陰性であれば1月3日の朝には退所できると言われた。自宅まで帰るタクシーを前日に予約することもできるようだ。

食事や足りなくなったアメニティ、水などは、部屋を出て自分でエレベーターの前に置かれたテーブルまで取りに行くという。つまり、部屋を出て廊下を歩くことが許されているのだ。マスク着用は義務づけられるが、国の管理方式とはだいぶ違う。健康管理も羽田ではスマホを使って数値の入力やチェック項目をクリックするだけだったが、ここでは保健師さんが直接一人ひとりに聞くようだ。電話で、ご丁寧な対応でありがたい旨伝えると、隔離されている人のほうが大変なので、できるだけのことをしたいと言ってくださった。感染の可能性を前提に、「濃厚接触者」として接してくださっていることが伝わってきた。

ここでも参考までに、入所の際に渡された封筒の中にあった、この滞在施設での「1日の流れ」と「保健医療班からの案内」というしおりを紹介する。規則正しい生活の「流れ」が

★★1日の流れ★★

7:00 体温・SPO2（酸素飽和度）・心拍数を測定

7:30 朝食（お弁当・ペットボトルの配布）
→お弁当は各階の19号室・飲み物はエレベーターホールに置いてあるので、
自分で持っていってください。
アレルギーがある方は、自分の番号が書かれたものを、
アレルギーがない方は印のないものを持って行ってください。

9:00～12:00 体調確認：看護師が電話をします。電話が鳴ったら出てください。
前日の午後分の測定値から伺います。
※電話に出ないと、部屋で倒れている可能性を疑い、スペアキーで部屋に入らせていただくことがあります。

10:30 ゴミ回収。
スタッフが廊下のゴミ箱の回収に伺います。お部屋で過ごしてください。

12:00 昼食

15:00 体温・SPO2（酸素飽和度）、心拍数を測定

18:00 夕食

その他の詳細は、お部屋にある青いファイルの「生活のてびき」をご確認ください。

★保健医療班からの案内★

① **健康観察について（毎日実施）**

午前7時と午後3時頃に体温・酸素飽和度・脈拍の測定をし、症状含め、健康管理カードへ記入してください。

② **症状・体調の変化について（要連絡）**

発熱や、風邪の症状、体調の変化があれば健康観察時にご報告お願いします。

③ **退所予定日について**

最終暴露日から何日目に検査を受けるかにより、退所日が異なりますので、詳細は保険医療班にお問い合わせください。

④ **PCR検査について**

PCR検査は、別添資料のとおり実施しますので、ご協力お願いいたします。

⑤**持参された薬剤について**

種類及び残数の把握にご協力をお願いします。

※内線電話■番や■■■番がつながらない場合は、ご自身の携帯電話から[■■■■■■■■■■■]へご連絡ください。
（部屋の備え付けの電話が故障している場合があります。）

わかるとともに、この施設では、濃厚接触者として保健医療班による健康観察下にあることがわかる。体温測定に留まらず、血中酸素飽和度や脈拍を測定し、報告をする。「最終暴露日」という、ちょっとおどろおどろしい文字を見た時には、なるほど、ウイルスに暴露された可能性があるから私たちは「濃厚接触者」に認定されたことを再確認する。

12月27日（月）：派遣労働者が支える水際対策

昨日の補足から。

食事はここでもお弁当。おいしく食べられる。朝食はパン食で、昼と夜はご飯である。朝食には野菜ジュースがつく。夜も静かで睡眠に問題なし。夜寝る前に体温と血中酸素濃度を測り記録する。問題なし。

TBS NEWSより気になるニュースを記しておく。

23日、東京都で発表された新たな感染者は37人で、6日連続、前の週の同じ曜日を上回りました。入院患者も1週間前の80人から155人と倍近く増えています。そして、それ以上に増え続けているのが、オミクロン株の濃厚接触者。今月21日の時点で都内だけで967人に上っています。オミクロン株濃厚接触者について、政府は、指定された施設での14日間の待機を求めていますが、この要請に強制力はなく、東京都では6割近い人が施設には入っていません。

東京都　小池百合子　知事「法律の限界だと思います」

こうした事態に、小池知事は23日、改めて、オミクロン株濃厚接触者に対し施設に入るよう呼びかけました。

東京都　小池百合子　知事「個人の事情もあると思いますが、宿泊療養などでしばらく身を置いていただくことで自らを守り、ご家族を、社会を守ることにつながる。ご理解いただきたいと思う」

こちらの女性は、今月、アメリカから帰国後に自宅で過ごしていたところ、子ども2人とともにオミクロン株の濃厚接触者に指定され、施設に入るように求められましたが……。

オミクロン株濃厚接触者で子ども2人と自宅待機する女性「子どもも小さいのと、私に持病がありますので自宅で隔離をしています」

ただ、自宅で過ごすことによって同居する母親に迷惑がかかると悩んでいます。

オミクロン株濃厚接触者で子ども2人と自宅待機する女性「母が仕事をしているんですが、自宅での隔離にあたって保健所の方から、お母様も濃厚接触者の濃厚接触者になってしまうので、外にはあまり外出されないようにということで、母も急遽、会社のほうにお願いして休ませていただくという形で」

一方、神奈川県では、オミクロン株の濃厚接触者が急増して1000人を超えているのに対し、確保できている宿泊施設の部屋は339室。これ以上、部屋を増やすのは難しいといいます。

神奈川県医療危機対策本部室 山田佳乃 課長「ホテルを確保してコロナ対応に使えるようにするには、ホテルのオーナーとの調整ももちろんですが、地元の調整などもいろいろあるので、年末年始の時期やクリスマスシーズンであったり、ホテルを新たにコロナ対応に変えて借り受けるというのは、なかなか難しい状況がある」

オミクロン株の濃厚接触者全員の「施設待機」という政府方針とは、かけ離れた現場の状況。神奈川県では高齢者との同居などリスクに応じて、オミクロン株の濃厚接触者のうち施設待機の対象とする人を調整する方針です。

（23日17時27分）

今朝のニュースによれば、23日現在、同じ機内に感染者がいて「濃厚接触者」となった人は、7818人に及ぶという。このうちの何人が隔離施設に移動したのだろう。全体の数字が出てこないのは、管轄が国から各自治体に移るためだろう。

こちらに移ってから時間ができたので、空港で入国対応の仕事をしている人たちの求人についてネットで調べた。56〜57頁でも簡単に触れたが、羽田で入国者の対応にあたっていた人たちはやはり派遣の人たちだったことがわかった。求人広告の一部。

勤務地：東京都 大田区 京急空港線 羽田空港第3ターミナル駅、東京モノレール 羽田空港第3ターミナル駅
給与 時給1250円
勤務時間〔派遣〕9：00〜22：00
朝、昼、深夜、早朝、夕方、夜
※上記はシフト例です。
【職種】
〔派遣〕販売その他、サービスその他

【歓迎する方】
未経験・初心者歓迎、学生歓迎、フリーター歓迎、ブランク有ＯＫ、ミドル（40代〜）活躍中
【仕事内容】
＊即日〜1月末＊羽田空港での入国者対応業務です。
対応していただくのは日本人の方がほとんどのため、語学スキルは不要です☆
【主な業務内容】
入国に関する空港でのコロナ水際対策業務◆接触確認アプリのダウンロードおよび登録の補助◆接触確認アプリの動作確認週５日フルタイムの方も大歓迎です！
ご応募お待ちしております！

12月28日（火）：科学、政治、行政、それぞれの判断のズレ

昨日の夕方テレビでニュースを見た。
「これまで海外からの入国者について、オミクロン株への感染が確認された場合には、

その航空機の同乗者全員を濃厚接触者として厳格な管理と検査を実施してきた。その中で、オミクロン株であっても、機内の同乗者が陽性となる割合は極めて低い。そして、通常の空港検疫後にオミクロン株の感染が判明する割合とほぼ同水準であるとの知見がこれまでの例で得られている。そのため、航空機の同乗者全員を濃厚接触者とする緊急的な取り扱いは本日で終了し、28日以降は従来の株と同様に、患者の前後2列の乗客と家族・同行者を航空機内の濃厚接触者の範囲とすることとする」（後藤大臣）

また、空港到着時の検査におけるコロナ陽性者の約8割がオミクロン株になっているとし、陽性が確認された人はオミクロン株の陽性者とみなして、濃厚接触者の特定をスピードアップして行っていくとした。

（ANNニュース、https://news.yahoo.co.jp/articles/dc1cb31b3af5ee0726bbeca069461af8b347b36d）

この変更は、科学的知見に基づいて行われたとのコメントもあった。これは、機内濃厚接触者の定義の変更が行われたことを示す。28日以降（本日以降）ということになるが、それ以前の機内濃厚接触者に適用されるのかどうかが注目される。私の関心もそこにある。もしこの変更が遡及されない場合には、それはそれで興味深い（遡及されないことがすぐに判明した）。

ちなみに医師でＩＡＴＡ（国際航空運送協会）のメディカルアドバイザーをつとめるDavid Powell氏は、Bloombergへのインタビューに答え、次のようなコメントを行っていた（もとは英文、筆者訳）。

機内は密閉された空間ですが、漏れのない箱です。その一端に大きなエアフローを設置し、もう一端から排気バルブを出すことで加圧します。つまり、非常に高流量の空気が流れる環境に座っていることになるのです。密閉された空間ですが、私にはそれが「リスク」だとは思えません。部屋の隅に扇風機があるアイリッシュパブや、大勢の人が大声を出してうなりながら汗を流しているジムは、私にとって「危険」な場所です。でも、航空機に乗る場合、空港も含まれるわけで、そこは機内よりも管理されていない。だから、そこにはリスクがある。

（By Angus Whitley, December 21, 2021, 11:28 PM EST Updated on December 22, 2021, 9:15 PM EST; Omicron May Double Risk of Getting Infected on Planes, IATA Says; https://www.bloomberg.com/news/articles/2021-12-22/omicron-at-least-doubles-risk-of-getting-infected-on-a-plane）

航空機での旅行がオミクロン株に対し安全かどうかについての専門家のコメントである。またここにはないが、ビジネスクラスはエコノミークラスに比べ安全であるとのコメントもあった。要するに、この専門家の言によれば、全搭乗者を一律濃厚接触者とする科学的根拠は当初から薄かったのである。

これについては現時点では確かめようもないが、他の国で同様の濃厚接触者の認定を搭乗者全員に対し行い、しかもその全員に公費を使って強制隔離後の期間まで隔離施設で「療養」することを求める「きめ細かな」対応は行われていないと推測できる。

日本でのこのきめ細かな対応が、どれだけ科学的な根拠に基づいているかについては、明確に示されているわけではない。また今回の定義の変更についても後藤(茂之)厚労大臣の発言には科学的な判断である旨が言及されるが、その根拠は示されない。はたして機内濃厚接触者のうちどれくらいの割合で陽性者が出たのか。またその陽性者と感染者との機内での距離はどのようなものだったのか。今後の安全対策をとるためには重要な情報であるが、現時点では、方針変更の根拠として概数も示されることはなかった。座席番号を含め搭乗に関する記録もその後のPCR検査の結果も隔離後の日々の健康状態もすべてコンピュータ上で集約・管理されているはずだ。そのような中で、結果が示されないのは、不思議である。その後、そのような報告が行われるのかどうかもわからない。ある政策に関する検証の必要性をどれだけその社会が求めているかにもよるだろう。政策科学的な検証の社会的要請という問題だ。

もうひとつの論点は、こうした変更は28日からの入国者に適用されるが、それ以前の入国者にまで遡って適用されるかである。とくに機内濃厚接触者として現在隔離施設に入っている人びとに、このような方針変更がどのように受けとめられるか。さらには機内濃厚接触者への対応を行う各都道府県や市町村の担当者にとって、変更の受け入れを28日以降とすることは、それ以前の入所者への対応はそのままにする、つまり負担もそのままにするという点で、それが納得のいく対応と言えるのか。説明責任は社会全体に対して行われるものだということは理解できる。それでも、当事者にとって合理的で納得のいく判断かどうかについての説明も同時に必要だろう。

年末対応ということもあるのだろう。それにすでに発注した食事のキャンセル、ホテルの借り上げ、交通手段、退所者への諸手続きなどの変更にかかる負担を考えれば、ある日時から区切ってその後の対応を変えるというのは筋の通った判断とも言える。法律不遡及の原則または事後法禁止の原則ではないが、遡及的に適用されることはないのが行政の習わしなのだろう。

ここにも、もうひとつの境界＝マージナルが現れる。時間をめぐる境界だ。時間によってある行政的な対応を決めなければならない。しかし、その時間の境の前後では、当然ながら対応の違い＝すなわち当事者にとっての利益、不利益の違いが生じる。今回の行政的な対応は、法的な強制力はもたない。あくまで要請＝お願いベースだ。その適用範囲をどのように決めるか。今回の場合であれば「濃厚接触者」の定義をめぐる問題である。そして、それをどの時点で、どのように適用するか。時間をめぐる境界設定の問題である。いずれの場合も、科学的判断と政治的判断、それを運用する行政的判断との間にズレがある。それをどの程度整合的に行えるかが、資源が限られている中で迅速かつ効果的な感染対策を行う際の基本だが、そこにその社会の本性が現れる。

27日に行ったPCR検査の結果は陰性との連絡があった。熱もないし、食欲もある。午後、妻からの差し入れが届いた。年越しそばや年明けうどんも入っていた。ミカンやリンゴ、インスタントコーヒーや味噌汁も入っていた。箱を開けて中身を取り出した時、涙が出てきた。細やかな家族の愛情を感じた。

もらった。

12月29日（水）：「カテゴリー化」という論点

昨日の件について、ある大手メディアの関係者とのメールのやりとりでこのような返信を

　隔離の件は、ひどい話ですね。遡ってルール変更が適用されないというのは、お役所仕事の典型のように思います。

搭乗機にオミクロン株型感染者がいれば、全員濃厚接触者という判断にも驚きましたが、健康状態に何も問題がないのに、ホテルまで移動させたうえで延々と隔離生活を送らせるというのもひどいと思います。ただ、これが日本の政治の実態かもしれません。

何よりも内閣支持率を維持することが優先され、科学的根拠もないままに、形の上では〝世論〟を考慮したとして政策が決定されたり変更されたりという状況です。前政権の失敗に学んでいるということでしょうが、現政権はよく言えば柔軟、悪く言えば節操がないようにみえます。

たしかに、安倍、菅政権との差異化と「世論」対応なのだろう。

今日、二つ目のホテルに移ってから2度目のPCR検査があった。今回も唾液採取だがやり方が異なっていた。綿棒を舌下にいれ2分間唾液で湿らせる。その後、検体を綿棒ごと容器に入れ、綿棒を途中で折ってそのまま蓋をする。

このホテル内では私たちは、「療養者」と呼ばれている。要するに感染の可能性を持った療養の必要な人びととしてカテゴリー化（分類）されているということだ。

そこで、論点としてのカテゴリー化の問題について考えたことを記す。

今回の経験を通じて浮かび上がる問題のひとつは、「カテゴリー化」である。カテゴリー化とは、ある対象に対して、何らかの境界線を引いて、その対象を分類し、それぞれのグループに名前をつける（そして、この境界線上に「マージナル」の問題が現れる）、このような認識とそれに基づく対応に関わる行為だ。コロナ禍、とりわけオミクロン株という新種の感染拡大を遅らせるために日本政府のとった「水際対策」では、人びとをどのように分類するかというカテゴリー化をめぐるゆらぎが問題となる。そして、そのゆらぎ方に日本社会の特徴が表れていると私は見る。

第一のカテゴリーは、入国者をめぐるものである。外国籍の入国者は原則認めないという対応を岸田政権は早めに取った。G7をはじめ欧米の先進国でこれだけ厳しい入国制限を行った国は他にない。それが日本では「鎖国」の語を当てられ、報道でも使われたのである。ただし、本当の鎖国と違うのは、日本国籍を持つ者については入国を認めたこと、それでもいくつかの厳しい条件をつけることで水際対策としての効力を発揮させようとしたことである。鎖国のようだというのは、隠喩的なたとえにすぎなかった。それでも、「鎖国のような」「水際対策」は、社会に受け入れられた。

日本人向けの厳しい対応のひとつは、出国72時間以内に行った日本政府指定の方法によるPCR検査の結果を示すことだった。つまり到着以前に陰性の入国予定者のみが入国者というカテゴリーを与えられる。次に、どの国の滞在経験を持つか。当初はアフリカ諸国からの日本人入国者に強制隔離が設けられた。やがてその範囲が拡大していくのだが、それはオミクロン株の感染がそれぞれの国で発見されるのにともなって強化された。隔離の日数（3日間、6日間、14日間）、ワクチン接種の有無による隔離免除の規定（当初は強制隔離3日間以内の国からの入国者：その後のこの免除は取りやめとなる）。入国者をこのように分類することで、それに対応する水際対策をきめ細かに行う。入国者の側にも、入国管理の側にとっても手間のかかる分類＝カテゴリー化だが、このようなより細分化されたカテゴリー化を行うことで、水際対策の効力と入国者の負担とのバランスをとろうとしたのだ。

しかし、入国者をめぐるカテゴリー化は、海外におけるオミクロン株の感染拡大にともなって単純化されていく。それと関連するのが、もうひとつの重要なカテゴリーである「濃厚接触者」の当てはめとその変容である。前述の通り、オミクロン株の流行以前には、搭乗機に感染者が出た場合、前後2列、つまり5列分の座席に搭乗していた乗客のみが「濃厚接触者」だった。それが、海外でのオミクロン株の感染の広がりを認めた12月1日以降は、感染者が出れば座席に関係なく、搭乗者全員を濃厚接触者として、2週間の隔離を求める方針に変更したのである。

この方針転換（1度目）により、出発国にかかわらず、搭乗機に感染者が出た場合には入国者全員が「濃厚接触者」として14日間の隔離が要請されることとなった。

きめ細かな分類がこれによって均質化されたかに見えるが、そうではない。3日間、6日間、10日間の強制隔離後の濃厚接触者の隔離は、国の管轄から離れ、自治体に移管される。通常の濃厚接触者と同様に、居住地となる自治体の保健所がフォローアップするようになるということだ。ただし、施設に移る人びとは、健康管理が県の監視下におかれる。しかも、自治体に移管された後は、あくまで「原則として」宿泊施設に移ることが求められるのであって、強制力は実質弱まる。それを導く物理的な「動線」も消える。

NHKニュース（12月24日午後7時48分）によれば、

オミクロン株の感染が確認された人と同じ航空機に乗って入国し、濃厚接触者とされた人は、都内で2000人を超えました。このうち、宿泊療養施設に入っているのはおよそ3分の1で、都は、万が一、感染していても気がつかないまま自宅で待機するとウイルスを広げるおそれがあるとして、宿泊療養施設に入るよう呼びかけています。

厚生労働省は、海外から入国した人でオミクロン株に感染していたことがわかった人と同じ航空機に乗っていた客を濃厚接触者と見なしています。このうち、都によりますと、23日時点で2098人が都内に住んでいる人や滞在している人だということです。2098人のうち宿泊療養施設に入っているのはおよそ3分の1にあたる695人です。

また、都によりますと、新型コロナの感染が確認され、PCR検査でオミクロン株に感染している可能性が高い人と同じ航空機に乗っていた客は、23日時点で都内に422人いるということです。このうち、宿泊療養施設に入っているのは72人です。

都は、万が一、感染していても気がつかないまま自宅で待機するとウイルスを広げるおそれがあるとして、宿泊療養施設に入るよう呼びかけています。
(https://www3.nhk.or.jp/shutoken-news/20211224/1000074241.html)

また、最新のニュース(日テレNEWS：空港検疫で判明の濃厚接触者3千人超　東京　12月27日午後8時6分配信)によれば、

東京都は、空港検疫で新型コロナウイルスのオミクロン株に感染、または感染疑いが判明した人の濃厚接触者が都内で３０２７人いて、このうち、宿泊療養施設に入所済み、または入所予定の人は４分の１程度にとどまると明らかにしました。

東京都によりますと、空港検疫で確認されたオミクロン株感染者、または感染の疑いがある人についての濃厚接触者は３０２７人にのぼっています。

東京都は保健所を通じて宿泊療養施設で待機するよう求めていましたが、26日時点で入所済み、または入所予定の人は約４分の１の７７６人にとどまるということです。

ということで、翌日濃厚接触者の定義が変わる直前の時点で、東京都では入所者は濃厚接

触者の4分の1だったという。つまり、残りの4分の3は自宅待機を続ける濃厚接触者となり、当然行動や健康の管理の目が届かなくなる。濃厚接触者に接する家族までを含めればなおさらのことである。

このように濃厚接触者というカテゴリーの当てはめによって、行動や健康が管理下に置かれる入国者の分類は、たんに施設入所者と自宅隔離者という二分類ではなく、後者の多様性が高まることで、ほとんど意味をなさなくなる。

より興味深いのは、この濃厚接触者のカテゴリー自体が短期間のうちに変化したことである。前述の通り、後藤厚労大臣は、27日の会見で28日以降の入国者のうち、搭乗機にオミクロン株感染者が発見された場合でも、濃厚接触者を以前の座席による定義に戻すと発表した。感染者のいた席から前後2列ずつ、計5列分の座席に搭乗していた人のみを濃厚接触者とするというのだ。

前に引用したように、「オミクロン株であっても、機内の同乗者が陽性となる割合は極めて低い。そして、通常の空港検疫後にオミクロン株の感染が判明する割合とほぼ同水準であるとの知見がこれまでの例で得られている」と後藤大臣は言うが、根拠は示されない。その問題はここでは措くとして（IATAのメディカルアドバイザーのコメントにあるように、機内でのオミクロン株感染の可能性は空港より低い！）、このカテゴリーの変更によって、12月1日から27日の間に入国した機内濃厚接触者とその前後に入国した機内濃厚接触者とではその意味も扱いも大きく異なることとなった。

こうした変更は、すでに首都圏の知事たちが隔離施設のキャパシティが追いつかないことを指摘し、早晩それがいっぱいになることからすれば、後追いでの認定と言えなくもない。しかも実際には機内濃厚接触者から感染者が出る確率は、「通常の空港検疫後にオミクロン株の感染が判明する割合とほぼ同水準」（つまりは、感染者が発見できなかったフライトで帰国した人と同じ水準？）であるとは言うが、それを示すデータは公表されない。つまり、ことによっては機内で感染したのではなく、すでに入国以前に感染していた可能性も否定できない。それを判断するためには、機内濃厚接触者のうち感染が確認された人びとが実際にどの座席に搭乗していたのか（他の感染者と実際に近距離にいたのか）を確認すればよい。しかし、それを確かめられる情報は公表されない。おそらく今後もそれらの検証や情報公開はなされないだろう。つまり、水際対策として、いきすぎであっても早すぎていても手を打つと言った首相の対策の検証は、公の場にさらされることはない。検証なき、「拙速、やりすぎのほうがまし」政策である。

12月30日（木）：昨日からの続き

いずれにしても、濃厚接触者をめぐるカテゴリー化のゆらぎは、いくつかの日本社会の特徴の反映と言える。もちろん、岸田政権の下で、それ以前の政権の後手後手の対応への批判を考慮に入れた迅速な対応、首相自身の言葉を借りれば「拙速、やりすぎのほうがましであるという考え方」（12月23日）にしたがった政治決断によるというのは素直な見解だろう。世論の動向を意識しながらの政権運営を即時即応という決断力の速さで示そうとしたことが、こうしたカテゴリー化の短期間の変化を生む理由と言える。

しかし、このような政治的判断と並んで、カテゴリー化のゆらぎは、いくつかのダイコトミー（対立する二つの要素のセット）をあたかも対立を超えて（無視して）関連づける際の特徴を示している。この問題については、のちに再考しよう。

午前11時50分、驚く情報がLINEを通じて入ってきた。イギリスからの帰国者同士で情報交換しているひとりが、27日に入国したにもかかわらず、28日入国者より適用された座席による定義を1日遡って適用してもらい、機内濃厚接触者の認定から免除されたというのだ。自治体による対応の違いなのか。それとも私の帰国が早すぎたからなのか。いずれにしても私にとってはショッキングな情報だ。一方には例外が認められ、他方は認められない？

今日の検査
検温結果：朝　36・5、夕方　36・6
酸素濃度：朝　99％、夕方　98％
心拍数：朝　58、夕方　62

これまで2度のPCR検査の結果はいずれも陰性。体調に問題なし。メンタルの面では、このフィールドノートをつけることで隔離生活に意味を見出している。この体験が少しでも、誰かの、何かの役に立てばという思いが支えである。

12月31日（金）：政権の「やってる感」

今日は最後のPCR検査が午前中にあった。
もうひとつ興味深い出来事があった。午前中にいつものように健康観察の電話があった際に、27日に入国したにもかかわらず、28日入国者より適用された座席による定義を1日遡って適用してもらい、機内濃厚接触者の認定から免除された人がいるという話を伝えた。そして、自分の場合も、このような遡った適用が受けられるかどうかをやんわりと尋ねてみた。電話に出た担当者は、私のフライトについて便名、座席番号を聞いて、わかったら折り返し連絡すると言ってくれた。

その後、今度はN市の保健所の担当者から電話があった。座席を確認したところ28日以後の定義を適用すれば濃厚接触者に当てはまらない旨、県から確認を取ったという。それならいつ退所できるのかという話になった。今日の検査結果が出る明日以後、陰性ならば退所可能と言われた。ところが、施設の担当者からは、検査結果は明日（元日）ではなく1月2日になると言われていた。そのことをN市保健所の担当者は知らなかったようだ。そこで検査結果が出る日について確認してもらった。再度保健所から電話があった。やはり結果は2日になるという。しかも時間はわからないと言われた。こうした顚末を経て、それなら半日くらいの違いなので当初の予定通り3日に退所しますと伝えた。

このエピソードは、自治体レベルでは機内濃厚接触者の定義について、座席確認を含め、柔軟な対応をしてくれたということを示している。偶然にも検査の日が12月31日で結果が出るのが2日、私の退所予定日が3日ということで実際の退所日変更には至らなかったが、年末年始という事情がなければ、2日ほど前に退所することも可能であった。この柔軟な対応は、当初の、遡っては適用できないと言われた反応に比べ、個別対応の可能性や、個別に座席による定義を適用する可能性、それを県が認定する可能性を示していて興味深い。

BSテレ東の番組、「オミクロン株にどう挑む？ 尾身茂氏密着ドキュメント～〝決断〟の背景にあるものは」（12月31日放送）の中で、空港での水際対策の担当者が、日本における水際対策の特徴についてインタビューに答えていた。空港で抗原検査をしているのは先進国の中では日本だけで、他の国は入国後に検査を行うといった趣旨の発言であった。他の国のモデルになるとも言っていた。

後手後手と言われた前政権、前前政権との差異化を図ることで世論の支持を得る政策としては、功を奏したのだろう。「やってる感」を示す上での成功である。たしかに水際対策は一定の効果もあっただろう。オミクロン株の感染拡大を遅らせる上での時間稼ぎはできたのだが、そこで得られた時間はどのように使われたか。

2022年1月1日（土）：おせち風のおかずを食す

夜、久しぶりの「紅白」と「ゆく年くる年」を見る。日本だなあ。退所日は目の前だ。

新年を迎えた。朝、妻と娘にスマホで新年の挨拶をする。このような形で年を越すのも、まさに百年に一度のパンデミックに濃厚接触者という立場におかれた奇遇がもたらしたものと受けとめた。

昨晩の夕食には珍しくカップ麺のうどんがついた。おそらく年越しそばならぬ年越しうどんという配慮を施設としてもしてくれたのだろう。私は妻が送ってくれた鴨だしのどん兵衛のそばを夕食に頂き、年越しそばとした。

黒豆に紅白のカマボコ、伊達巻き、紅白なます――今日の昼食にはおせち風のおかずが入っていた。施設の側でも気を利かせてくれたのだろう。感謝。

今日、明日は検査もなく、穏やかな気分で最後の2日間を過ごすことになる。家族が送ってくれたミカンや大型のあげせんべい（「銀座餅」とある）をお餅の代わりに食す。

1月2日（日）：退所前日

予定通りであれば明日の朝に退所となるので、今日がここでの最後の日となる。20日に入国後、隔離が始まって13日目である。日常の生活は落ち着いてきて、昨日も元日だからといって特段変わったこともなく過ごした。

午前中は、相変わらず、カテゴリー化のゆらぎ、ダイコトミーについての考察を続けた。午後は少し休んでから、前学期の学生のエッセイ（レポート）の採点を始める。4人分をまずは査読した。その後は、退所の準備として荷造りを始めた。

午後に、31日の検査の結果も陰性だったので明日退所できるとの連絡があった。タクシーを予約してもらう。

1月3日（月）：帰宅

早めに目が覚めた。6時に活動開始。まずは荷造りをほぼ終わらせて、それから朝食をとる。いつものパン食だったが、今朝は完食した。9時前に退所者向けのアナウンスがあった。荷物を持って1階まで移動するようにとのこと。さらに9時10分頃にタクシーが来たので退所の手続きをするようにとの電話があった。1階までエレベーターで降り、受付で体温計、パルスオキシメーターを返し、昨日頼んでおいた「宿泊証明書」を受け取る。県の新型コロナウイルス感染症対策本部の担当者の氏名と押印の入った書類である。

予約してもらったタクシーに乗り、まもなく高速道路へ。道路はそれほど混んでなく、10時頃に家に着く。途中、段々と見慣れた街の景色が目に入ってきた。Mインターで高速を降りると、もう、よく知った地域だ。家に着くとタクシー代を払う。小銭が足りなかったので妻に出してもらった。

久しぶりの帰宅。荷ほどきをし、一服した後、届いていた年賀状を読む。散歩がてらに近くに住む娘家族の家を訪ね、孫とも久しぶりの対面。お昼頃に一家でわが家に来るという。お昼は久しぶりの日本の正月料理を家族と味わえた。

フィールドノート後記

14日間の隔離生活を通じて考えたことを以下に示す。滞在中にノートに記したアイデアを、帰宅後の10日あまりで整理したものである。以下の考察は、26日のノートに記した、「マージナルな」立場におかれた私の視点が与えてくれたものである。

以上に記した体験から、いくつかの二項対立（対立する二つの要素のセット：ダイコトミー、あるいは後の議論を先取りすれば「アンビバレンス」）を、あたかも対立を超え関連づけてしまう日本的な対応の仕方について考えた。それは、「カテゴリー化」のゆらぎとも関係するテーマである。

第一のダイコトミー（二項対立）は厳密さと曖昧さである。他の先進国では行っていない空港での検査の実施や、機内濃厚接触者への施設での隔離といった水際対策は、そこに漏れは生じたとしても、国際水準で見れば、厳格・厳密な対応と言える。政府の意図する対策としては、機内濃厚接触者の全員を自治体が用意した宿泊施設で隔離し、「療養者」（二つ目の施設で私たちはそう呼ばれた）として健康観察を行う。そのきめの細かさは、水際対策としての厳密さを示している。

しかし、機内濃厚接触者という基準の当てはめには後述のような無理があり、その数が短期間に急拡大したのに追いついていけない宿泊施設のキャパシティの問題や、施設への入所が要請ベースであることもあり、機内濃厚接触者の大多数は自宅での隔離を選ぶこととなった。当然、行動統制の網の目も粗くならざるをえないし、自宅では同居者が濃厚接触者の濃厚接触者となり、その行動統制はさらに粗くなる。こうして一見厳格・厳密な機内濃厚接触者というカテゴリー化は、その実施において、厳密さと曖昧さという本来対立する要素が、共存してしまう結果をもたらした。そのことに大きな批判が及ばないのは、カテゴリー化自体が、後述のようにゆらいでしまうこととも関係する。そして、そのゆらぎが厳密さと曖昧さとの共存を許す。

第二に、この点と関連して、強制と要請からなる二項対立の問題である。入国時の誓約書の提出により、また空港での検査とその後の誘導の仕組みの厳密さにより、強制隔離として設定された日時については、厳密な隔離が行われた。出発国と隔離日数との関係については、のちに述べる科学性と非科学性のダイコトミー問題に抵触する部分もあるが、少なくとも機内濃厚接触者というカテゴリーに移行する以前の隔離についてはかなり厳格に行われた。

誓約書の規定を破った場合の「罰則」は違反者の氏名が官報に載るといった程度のゆるいものに留まるにもかかわらず、この空港での動線管理による誘導のオペレーション（空港から列をなして、バス→宿泊施設へ）は、入国者が当初与えられる隔離を「強制」するのに成功した。空港での検査を行わず、自宅での待機を当初から許す他国の水際対策に比べれば、はるかに厳格な対応と言える。

ところがこの強制的な面を持って行われた入国時の隔離は、機内濃厚接触者への対応となった途端に、要請＝お願いベースに変わる。強制力を持たない隔離は、それゆえ、東京都の場合のようにその4分の3が自宅待機を選ぶという結果となった。自宅での待機にもそれが守られない場合に高額の罰金を科すと言った罰則はない（前述の通り、官報に名前が載る程度）。こうして強制と要請が同居する。これも入国者、濃厚接触者をめぐるカテゴリー化のゆらぎの一例であり、二項対立を絶妙にくぐり抜ける日本的な対応である。

第三の二項対立は、硬直性と柔軟性のペアである。一定の強制力を発揮し厳格に行われる最初の隔離（「検疫所宿泊施設」への滞在）は、ほとんど融通のきかない硬直的な対応を特徴とする。同じ出発国からの入国者は同じように扱われ、健康上の理由を除けばそこに個別対応の余地はない。それに対し、機内濃厚接触者への対応は、今度は自治体の保健所を中心に行われ、通常の濃厚接触者と同様に対応に柔軟性が出てくる。

その点で興味深いのが、12月31日のノートに書いたエピソードである。結局は検査結果が出る日の都合で、当初の予定通り指定された日に退所することになったのだが、このエピソードは、自治体レベルでは機内濃厚接触者の定義について、座席確認を含め、柔軟な対応を行ったことを示した。結局は変更には至らなかったが、検査結果がもう少し早く出れば2日ほど前の退所も可能であった。この柔軟な対応は、当初の、遡っては適用できないといった反応より個別対応の可能性、とくに個別に座席による定義を適用する可能性、それを県が認定する可能性を示している。そして、この可塑的な対応自体が、濃厚接触者というカテゴリーのゆらぎを示している。そのことで、硬直性と柔軟性が、個別対応の可否を通じて共存する。

第四の二項対立はこうしたカテゴリー化のゆらぎが、水際対策の科学性と非科学性に関係しているという点である。明確な根拠は示されていないのだが、おそらく出発国による強制隔離の日数の設定にしても、機内濃厚接触者の定義にしても、急拡大を遂げるオミクロン株による感染の特徴を、ある程度科学的に捉えた上での判断なのだろう。感染力がそれ以前の変異株に比べ強いことが他国で示されたと同時に、出発国のオミクロン株の感染者数によって強制隔離の日数が決められた。アメリカからの帰国者の場合には、州ごとにそれが設定されることで、入国者のカテゴリー化が日ごとに変わるといった変化も生じた。さらには、感染力の強さに留まらず、オミクロン株の重篤化の度合いについては早計な判断はできないといった専門家の見解にもよったのだろう。

これらの判断はある程度の科学性（あるいは科学的な慎重さ）をともなっていたといってもよい。しかし、機内濃厚接触者の定義のゆらぎについては、はたしてそれがどれだけ科学的根拠を持って行われたかには疑問符がつく。

前述の通り、12月初旬にＩＡＴＡの専門家がオミクロン株の機内感染の可能性が空港などより低いことが提示されていた。27日に後藤厚労大臣が機内濃厚接触者の定義の変更を表明した際にも、根拠となる科学的な知見は示されることはなかった。２０２１年12月1日以後、機内濃厚接触者の定義が厳格化され、それが変更されたのは27日であり、27日間の時間があった。この間実際に機内濃厚接触者のうちどれだけに感染者が出たのか。その場合の座席の近さはどうだったのかなど、きめ細かな分析が行われていれば（健康状態や検査の結果はすべてデジタル化され把握しているのだからそれほど困難な作業ではないはずだ）、より科学的で迅速な対応ができただろう。しかも27日に基準が緩和されても、それ以前に隔離施設に入った機内濃厚接触者（私のケース）にまで遡及して適用されることはなかった。

非科学性という点で言えば、機内での感染の可能性より、入国時の空港での検疫における危険性についても指摘できる。多くは派遣労働者で専門性もない人びとが対応にあたっていた。全員フェイスシールドやアクリル板での遮断を行っていたが、一体何人の人に対面でのチェックを行ったか。さらには、隔離施設に向かうバスの中での感染リスクは、換気の面でも、同乗者の数や同乗者間の距離の面でも、座席を考慮した場合の機内感染に比べ高い可能性がある。検査の際の漏斗の処理の仕方にも危うさがあった。

しかし、こうした面について科学的に検討した気配は見られない。ある日を境に機内濃厚接触者の定義が変更され、それ以前に遡って適用しないのも、科学的というよりは行政的な判断の結果だ。このように機内濃厚接触者をめぐるカテゴリー化のゆらぎは、科学性と非科学性の間を揺れ動く。そのゆらぎは、機内濃厚接触者を受け入れる側にも、機内濃厚接触者自身にも負担を強いることになる。

最後のペアは、このような水際対策の疫学的効果と政治的効果（印象操作）との二項対立である。これまでの考察が示すように、4つの二項対立のペアのうち、前者（厳密さ・厳格さ、強制性、硬直性、科学性）に注目すれば、水際対策として疫学的な効果があることが類推できる。たしかに、こうした方法をまったく行わなかったとしたら、オミクロン株による感染拡大を遅らせることも困難になっただろう。他方、二項対立の後者に着目すると、この膨大な水際対策のオペレーションには限界があったことも容易に推測できる。いくつもの「水漏れ」の可能性を残しながら、曖昧さや非科学的判断、要請に基づく隔離と言った限界である。

しかし、視点を変え、それを政治的効果として見れば、ペアの後者の限界はあれ、こうした水際対策は、世論からは支持を受けやすい。対応が具体性を持って見えるだけに、「やってる感」を出すには効果的な対応と言える。それを受け取る側も、実際の（客観的な）「安全」よりも、感じ方に近い（主観的な）「安心」に反応しやすいからだろう。国民から厳密性や科学性や論理性が厳格に求められないことも、「安心」を支える基盤となる。他国の対応に比べ、コストのかかる、かつ、受け入れ側にも入国者＝隔離される側にも相当の負担を求める日本型水際対策は、この疫学的効果（実際）と政治的効果（印象）との間で揺れ動く。はたして、それがどれだけのコストパフォーマンスを持ったかの政策科学的な検証は行われずとも、世論に受け入れられる限り、十分な効果を上げたことになる。たとえ、そこに曖昧さが残っても、それを残したまま対策が推移していくところに、4つのペアの二項対立のうち、前者の側の基準をきっちりとは問い詰めない、日本社会（政治、文化、科学）の特徴が表れている。

二項対立の絶妙な超越、あるいは接合点の不明確な共存・併立——このような「離れ業」が大きな疑問も持たれずに受け入れられ、実施される。他の先進国には見られない「鎖国」と形容された状態の中で、日本人入国者に対しても、疑似「出島」方式での隔離が求められた。二項対立に鋭利な対立を持ち込まないこの接合の仕方は、両者の境界を区切る明確な「際（キワ）」も目立たせない。外国人の入国を原則拒みつつ、日本人入国者にも（国費を使って）曖昧な濃厚接触者として隔離する。外からの異物の混入を防ぎ、あたかもウチ（≒日本にいる日本人）の安全を保つかのような印象（≒安心）を与える。所作としては見事な「文化」の表出と言ってよい。それが「文化」の次元に留まるのは、実効性が厳密に問われないことを承知の上で、人びとに「安心」を与えようとしているからだ。

ただし、注意が必要なのは、このような対応を安易な日本文化論で説明しないことである。文化の問題だと言ったが、それを簡単に日本文化（たとえば「集団主義」「空気」「同調圧力」）に還元してしまうと、そこで思考停止となる。それを逃れるためには、より丹念な思索が求められる。日本社会がつくりあげてきた「知識」の基層の社会学的な分析である。

1月13日（木）：日本社会の機微

隔離生活を終え自宅に戻ってから10日が経つ。この間、国内でもオミクロン株の感染者が急拡大した。だが興味深いのは、大きく感染拡大を示したのは、米軍基地に関連する地域であったことだ。当初、市中感染が見られた都道府県でも感染者はたしかに増えたが、初期の拡大速度は、米軍に関係する地域に比べ小さかった（在日米軍は日本政府の水際対策の及ばない、つまりは「鎖国」を截然（せつぜん）とかいくぐる特別のカテゴリーであり、日本人帰国者への対応の厳格さと比べるとき、この違いは歴然とした境界破り＝治外法権の一例に見える。しかもそれは通常表面化しない）。これをもって科学的根拠とは言えないが、「強制」隔離を「要請」する水際対策は、感染拡大を一定程度遅らせる効果があったのだろう。ただし、どれだけのコストがかかったのか、またコストに見合う効果だったかは、政策科学的には問われない。

私の体験から見えてきたのは、日本の水際対策の機微であり、そこに示された日本社会の特徴である。科学性の厳密な適用やそれを支える徹底した合理主義、その合理性に見合った法的強制力をともなう政策というより、「清濁併せのむ」二項対立の絶妙な超越あるいは接合――後の議論を先取りすれば「アンビバレンス」(価値の両義性)――そして、それを受け入れる政治、行政、日本社会。隔離生活を終えた時、本当に日本に帰ってきたのだと実感したのは、これらを確認する機会を14日間の隔離生活が与えてくれたからだ。

第2部 「内向き」日本とコロナ禍・ウクライナ

4章 「自粛の氾濫」から考える日本

1 「自粛」からの眺望

ギリシャ語に語源を持つ「パンデミック」の元々の意味は、「すべての人びと」である。文字通り全世界を覆ったCOVID-19の脅威は、医学的にはウイルスが人体に及ぼす自然科学的現象である。しかし、社会に及ぼす影響となると、それぞれの社会の「個性」が表面化した。変異を続けるこのウイルスをどのように制御し、感染者、死亡者数をいかに減らすか。対策の面でも、影響の面でも社会の「素」が出たのである。

共通点もあった。多くの国が防疫として当初は国境を閉ざした。国内での感染拡大を防ぐために、都市封鎖（Lock-down）や人びとの接触を減らす古典的手段がとられた。ただし、その方法には国による違いもあった。欧州の多くの国は、感染拡大初期の段階で罰則をともなう都市封鎖を行った。1章で触れたように私の住むイギリスでも、不要不急の外出には厳しい制限が課され、一部を除き店舗が閉められた。一言でいえば、「Stay home（家に留まれ）」が対策の中心であった。そして、それにともなう経済的損失に対し、政府は早急に補償を決めた。政府の財政補償と引き換えに、個人の行動の規制という面では人権の拘束をともなう措置がとられたのである。ここでは政府＝国家の責任と個人の責任（権利・義務関係）が明確に対応・対峙する法的規制の下で、「社会的距離」を守る政策が採用された。

　他方、日本では主として「自粛」という方法がとられた。緊急事態宣言が出された後も、大規模施設以外の店舗閉鎖は自粛の要請が主で、その後、政府からの補助金が支給され、それにともない自粛への一層「強い要請」が出された。個人に対する外出の自粛にも、強制力はともなわなかった。いずれも罰則規定のない措置である。もちろん、個人の行動を厳しく統制する法律が整備されていないことにもよるが、コロナ禍の下にあっても、国家が個人の行動を法的に統制すること（＝法改正）に対しては、世論の強い反発があった[1]。その結果、メディアには「自粛」の文字があふれた。外出自粛、自粛生活、自粛要請、自粛緩和、自粛解除、自粛疲れ等々。自粛警察という用語まで飛び出した。ステイホームの下で2年近くをオックスフォードの自宅に留まり続けた私の目に、こうした「自粛の氾濫」は奇妙に映った。とりわけ、自粛を要請するとか、緩和するとか、解除するといった表現には違和感を覚えた。自粛とは、要請したり、緩和したり、解除したりできるものなのか。できるとすれば、それは誰によって誰に対して可能なのか。そこには社会、国家と個人とのどのような関係が示されているのか。

2 社会に埋め込まれた知識の在庫

2020年から21年にかけ、イギリスでロックダウンが行われた際にしばしば言われたのが、「Stay home」あるいは「Stay at home」という英語の命令文であった。しかし、この命令文により個人の行動変容が求められる渦中にあっても、私には自分がたんに命令に服従しているという感覚は薄かった。社会の成員としてとるべき行動をとっている、という感じだったのだ。その感覚でいえば、命令に従っているというより、「私たちみんなで家に留まりましょう」に近いと感じていた。

たしかに、日本語の自粛にも「みんなで」のニュアンスは含まれていただろう。ただ、日本の「みんなで」には、あえて単純化して言えば、「みんながするから自分も」という縛りの感覚のほうが強い印象があった。それに対し、“(Let's) Stay home”は、それぞれの個人が成員として形成している自分たちの（市民）社会を念頭に置き、その社会のために、個々人がみんなで自分たちの行動を制御しようという感覚に根ざしていた、と思う。

この感覚の違いは、たんに罰則規定があるか否かの違いに留まらないだろう。そうだとすれば、こうした表面的な違いの奥に、個人と社会、国家をつなぐ関係のあり方の違いが埋め込まれているのではないか。あるいは、個人の自己選択・自己決定のあり方を、その社会がどのように理解しているか、いわば「主体（性）」をめぐり、その社会が共有する「知識」の違いが示されているのではないか、と考えたのである。

とはいえ、この章では、個人主義対集団主義という単純な文化論的理解について論じたいのではない。「みんながするから自分も」という縛りの感覚に集団主義を読み取り、イギリスの個人主義の文化と比べるといった二分法的発想では読み取れない、それぞれの社会に根ざした個人のあり方、社会との関係の取り方の機微を取り出して論じることに力点を置く。言い換えれば、自粛による行動の統制を引き受けてきた日本社会にとって、個人＝自己の行動選択にまつわる、社会で共有され日常の生活に埋め込まれた「知識」を取り出し、その特徴を論じてみたいのである。

したがって、以下で焦点を当てるのは、命令服従という関係とは異なる位相で行われ、命令と同じような効果を発揮してきた、自粛を要請する側と、それに応答する側との関係について、それを可能にする社会に埋め込まれた「知識」である。すでに「在庫＝ストック」として日本社会がしまい込んできた、自粛に関わる知識に目を向け、そのような知識の在庫があればこそ、時にそれが召喚され、私たちが取り持つ社会や国家との関係のあり様に影響を与える、そうした私たちの認識の仕方やその枠組みを取り出し論じてみたいのである。

このような問題意識を持ち始めた私は、私の「違和感」を確認するため、初めに英語を母国語とし日本語や日本社会に精通する、日本在住の友人たちと日本語の「自粛」について（メールやZoomで）話を聞いた。アメリカ人であり京都大学に勤めるジェルミー・ラプリー准教授は、「周りは自粛、自粛と言うが、自分のとっている行動が自粛かと問われれば、ちょっと違う」（もとは英語）と私の質問に答えた。私と同じように、命令に服従しているという感覚ではなく、社会の一員として当然とるべき行動をとっているという感じだというのである。また、イギリス人でありオックスフォード大学日本事務所のアリソン・ビール所長は、メールでこのような返事をくれた（もとは英文）。「今日テレビのニュースで自粛の緩和が始まったと報道されました。しかし、自粛が字義通り、命令ではなく、自発的に自分の行動を制約することだとすると（if it is really voluntary self-restraint rather than an order）、自粛の緩和という表現はちょっとおかしい」というのだ。自粛＝自発的な行動の自己統制という字義通りの理解をすると、自粛要請、自粛緩和、自粛解除といった表現に違和感を持つようだ。

ここから次のような問いが立ち上がる。自粛ははたして要請できるものか。自粛は誰が緩和、あるいは解除するのか。Stay home のような政府からの命令であれば、その行動を要請することも、その要請の基準を緩和することも、さらには解除することも理解できる。要請や解除を行うのは政府≒国家であり、個人の行動は、そうした規制の緩和や撤廃によって解除されるからだ。たとえ、社会の成員のひとりとして積極的に Stay home に従っていたとしても、その Let's（〜しましょう）を呼びかけた政府の方針が変われば、個人の行動もそれに従って変わる。ところが自粛の場合、自発的な行動の制約だとすれば、それを緩和するのも解除するのも、いやその前にそもそも自粛をしようとするのも、個人の自己選択・決定になるはずだ。

自粛を自らに要請するのなら、それを英語に訳してもこうした違和感は生じないだろう。

だが、自粛の要請や緩和や解除が、自分以外の誰かによって行われるとすると、はたして元々の自粛＝自発的な行動の自己統制がどこから来たのかがわからなくなる。

自粛の氾濫は日本社会のどのような特徴を示しているのか。自粛という言葉で理解される個人の行動の制約をめぐる私たちの知識は、どのようにできあがってきたのか。そして今までどのように変化しつつあるのか。その歴史と変化を明らかにすることで、コロナ後の日本社会の課題にも迫ることができるだろう。

そのための準備として、まずは「自粛」という語の使用の「過去」を探ってみよう。知識が埋め込まれた「在庫」の発掘によって、この語の用法の変化をたどる。そのことで、現在の私たちの認識の枠組みに迫る試みである。

3　自粛小史

昭和の天皇崩御

昭和生まれの私の記憶に残る最初の「自粛の氾濫」は、昭和天皇崩御の前後のそれであった。昭和天皇の病状悪化をメディアが伝えると、各地で行事やイベントの中止が始まった。

それを受け、小渕恵三官房長官（当時）は、次のような見解を示した。

「報道を通じて、行事のとりやめは承知している。それぞれ天皇陛下のご快癒を心から願ってのことと思われ、そうした国民の気持ちは大変尊い」としながらも「私としては、国民の日常的な社会、経済生活に著しい支障が出ることになってはいかがなものかとの気持ちを持っている」と述べ、行き過ぎた行事自粛は好ましくないとの見解を示した。

小渕長官は「過度の行事自粛は、常々国民のことを考えておられる陛下のお心に沿うものではないと考える」とも述べた。

（『朝日新聞』１９８８年９月29日付夕刊）

同記事は当時の竹下首相の見解も次のように紹介した。

竹下首相は二十九日昼すぎ、天皇陛下のご病状悪化に伴う各種行事の自粛をめぐり、小渕官房長官が「行き過ぎは良くない」との見解を示したことについて、首相官邸で記者団が「首相も同様の考えか」と質問したのに対して「はい」と答えた。

ここでの重要なポイントは、昭和天皇崩御の際に使われた「自粛」が政府から発せられたものではないという点である。つまり、自粛は文字通り、「自発的に自分の行動を制約すること」、すなわち「自主規制」であった。

そのことを示す記事もある。同年9月30日の『朝日新聞』夕刊「論議呼ぶTV局のCM自主規制」という記事である。そこでは、

天皇陛下のご容体から目が離せない状態が続くなかで、テレビ各局の番組変更が相次いでいるが、CMも内容によって中止や差し替えが行われている。こうした反応に対し、テレビ局内部からも「過剰反応ではないか」と批判する声が上がっている。しかし、一方で、万一の場合の態勢として、民放キー局が二十二日、CMなしの特別編成の時間枠を延長させることを決めたといわれる。

さらに同記事では、日本テレビ社長の記者会見での発言を次のように引用している。

「特別編成の時間枠については国民の反応を考慮した。また、この件で今後、政府から

の要請、要望があるのではないかと考えられるが、自主的に判断したものだ」と述べた。また、別の民放社長は「天皇陛下のご闘病に対する記帳者の数が予想以上であり、国民感情としてCMなしが二十四時間では短すぎるという反応を考慮した」と言っている。

ここからさらに明らかなように、「政府からの要請、要望」ではなく、「自主的に判断したもの」だという。それも、「国民感情」を「考慮した」結果だともいう。

崩御して2ヶ月以上が経った1989年3月28日の『朝日新聞』夕刊の見出しには、「自粛明け　弾むテレビCM」とある。前年9月頃の病状悪化を受け、CMの自主規制が始まっていた。その後、昭和天皇崩御から一定の時間が過ぎた時点で、CM界が自粛を解除したとの報道である。記事には、「企業側は、昭和天皇のご病気のため自粛で余り気味だった宣伝費をドッとつぎ込んで明るくオシャレな作品を復活、CMラッシュとなった」とある。自主規制＝自粛を自ら解除したことがわかる。

ここには、天皇という特別な存在を前提に、人びとが行事やイベントを「自分から進んで、行いや態度を慎む」(『大辞泉』)行動の制御が「自粛」として語られ、一定の時間が過ぎた時点で「自粛明け」＝自粛の解除がニュースとして報道されていた。ただし、この場合、自粛を呼びかけた当のものは、官房長官の見解にあったように、政府ではない。「自粛明け」も、CM界、テレビ界の自主規制を自らの判断で解除したと理解できる。自粛を呼びかけたものを想定すれば、天皇という特別な存在に対する日本人の「共同幻想」、あるいは国民国家という枠組みで切り取られた「想像の共同体」からの呼びかけだろう。それは「国民感情」への配慮ないし考慮として言語化されていた。

明治、大正の天皇崩御

昭和天皇崩御の際に自粛の氾濫が生じたことからすると、戦前はどうだったのかが気になる。そこで、『朝日新聞』のデータベース(「聞蔵」)を使って明治天皇、大正天皇の崩御の前後を調べてみた。

1912年7月には、明治天皇病状悪化を受けた記事が登場する。同月25日の記事には、皇居の周辺で「警鐘の禁止」が行われたことが取り上げられた。だが、そこに自粛の語は登場しない。その行動は、「御安静を慮りて」と表現された。崩御後の報道でも、「東照宮の儀式遠慮」「遠慮することに決定せり」(12月23日付)といった表現が使われ、ここでも自粛の語は用いられない。

大正天皇崩御の前にも、消防署の出初め式が「遠慮」によって中止されることが報道された（1926年12月21日付）。戦前の天皇崩御に関する報道を見る限り、自粛ではなく「遠慮」や「慮り（おもんぱかり）」あるいは「謹慎」なのである。

これは推測だが、明治憲法下で国家元首であった天皇に対し、命令によらない自主規制だとしても、「自粛」と呼ぶには畏れ多いことだったのかもしれない。ところが、国民主権の現憲法の下では、そうした関係が変わる。ここには天皇と国民の関係のあり方の違いが、臣民による遠慮、主権者である国民による自粛の違いとして表れていたと考えることもできる。

この遠慮と自粛の違いを日常レベルで捉え直すと、私たちが自らの行動を控える場合の両者の違いに気がつく。たしかに、遠慮も自らの行動を控える行為である。たとえば、「ご遠慮ください」と言われた時、直接禁じられているわけではないが、ある行動を控えたほうがよいことが遠回しに要求されている。遠慮する側からみれば、遠慮を求める他者の存在が前提にある。戦前の天皇崩御の場合であれば、天皇という神格化された特別の存在に対し、自らの行動を控えるのであり、その特別な存在との関係はより直接的である。呼びかける（亡くなった）他者の明確な存在を前提に、あえて言えば、限りなく命令に近い遠回しの要求に応えることが遠慮である。そして「慮る」天皇の向こうには、個人としての天皇その人を超えた〈何か〉が想定されていたとも考えることができる。

さらにはこれを、今回のコロナ禍に際し日本で行われた自粛を例に考えてみる。たとえば「外出をご遠慮ください」と言われた時、呼びかける他者との関係が前提となって私たちは自分の行動を控える。「ご遠慮ください」は、命令そのものではないが遠回しの期待の表明であり、それに応える側の行為が、そう呼びかける他者を慮って行動を控える。婉曲表現ではあってもここでの関係性は直接的である。言い換えれば、相手が見えるということだ。

他方、「外出を自粛してください」と言われた時、私たちは遠慮と同じ受けとめ方をするだろうか。たとえば、ある知事が「外出を自粛してください」と私たちに呼びかけた場合、私たちはその知事との関係において行動を控える、あるいは慎むのではない。知事の声を介してはいるが、呼びかけているのは知事その人ではない。知事という立場や役割でもないだろう。その意味で、明確な他者はそこにはいない。それに代わり呼びかける〈何か〉を暗黙裏に自ら想定することで、外出自粛は可能となる。

東日本大震災

もうひとつ最近の記憶に残る「自粛の氾濫」は、2011年3月11日の東日本大震災後のことである。震災後のメディアでは、「自粛」の語が飛び交った。

たとえば、同年3月19日の『朝日新聞』朝刊（西部）には「『イベント自粛』か『開催して応援』か 東日本大震災への配慮で割れる対応」の見出しで次の記事がある。

> 中止・延期の理由で多く聞かれるのは、被災地支援に力を入れようというものだ。
> 沖縄県は18～20日の「沖縄アジア国際音楽祭」（正しくは「沖縄国際アジア音楽祭」・引用者注）を中止した。150組以上の出演者と聴衆7万人が集う大イベントだが、本土からの観光客に頼ってきた県としては、今は本土復興に集中すべきだと判断した。
> 福岡県久留米市で19～20日の予定が延期されたB級グルメのイベントは、被災地からも出店予定があり、食材輸送に不安が出たことが理由の一つだった。
> こんな時にははしゃぎたくないという心理も働く。山口県下関市は桜の名所の公園に飾り付けた紅白のちょうちんを撤去することを決めた。「被災者の心情を考え、慎まないといけない」と市の担当者。19日から夜間に点灯する予定だった。4月初めに開かれる山口市の「湯田温泉白狐（びゃっこ）まつり」が取りやめになったのも「浮かれてはいけない」という声が出たためという。

迷いつつも開催を模索する動きも出てきた。

福岡県直方市で4月2～10日にある「のおがたチューリップフェア」は、催しの趣旨を地域振興から被災地支援に転換して開くことにした。「お祭り色」を消して開会式典は自粛。例年実施する「チューリップ募金」を被災地への義援金にする。

開催することに積極的な意味を見いだす場合もある。

福岡市で20日にあるファッションショー「福岡アジアコレクション」は予定通り。蛯原友里さんらトップモデルが集まる人気イベントで、約7千枚のチケットは完売した。事務局を務める福岡商工会議所は「派手なショーをやるべきかと迷いはあった」という。だが、自粛ムードの広がりで旅行や宴会のキャンセルが相次ぎ、福岡の経済にも影響が出てきた。

多くの被災者を出した未曽有の大震災、津波や福島第一原発の事故を受け、「被災者の心情を考え、慎まないといけない」といった気持ちから、自主的にさまざまなイベントを中止する、そのような動きを指して「自粛」や「自粛ムード」の表現が使われた。辞書的な意味に通じる「自分から進んで、行いや態度を慎む」＝慎みの表明としての自粛がメディアに登場し広まっていったのである。ここで引用した記事に限らず、震災後の報道には「『お祭り騒ぎはふさわしくない』『安全面に不安』などが理由で、華美な祭事を自粛する動き」が広まったといった記事（『朝日新聞』２０１１年3月20日付朝刊、静岡全県版）が目立った。ここでの自粛を呼びかけた〈何か〉を想像すれば、それは震災で亡くなった人びとを含めた多くの被災者の無言の声と言えるだろう。生き残った被災者が自粛を求めているわけではない。それでも、「被災者の心情」を慮ることで、自粛を呼びかける〈何か〉が召喚された。

他方で、経済界からは、「いつまでも自粛していると、日本経済全体が収縮しかねない。被災地が元気を取り戻すためにも、自粛を最小限にして経済を活性化するよう呼びかけたい」（京都商工会議所会頭の発言：『朝日新聞』２０１１年3月26日付、京都府地方版）という指摘も現れた。コロナ禍の中でも見られた、自粛による活動の停止が経済の収縮をもたらすという見解である。

自粛をめぐるやりとりとして、簡単に見過ごしそうな、よくある発言のように見えるが、個人が自分の意思として「自分から進んで、行いや態度を慎む」ことを続けているのであれば、それに対し他者が、それを「最小限に」するよう呼びかけるというのも、奇妙な現象と言える。自発的な行動の自己統制が自粛だとすれば、それを始めるのも止めるのも、決めるのはその個人のはずだからだ。

震災に関連してもうひとつ興味深い自粛の用法が新聞報道から見つかった。同年4月2日の『朝日新聞』夕刊の記事で、見出しに「『放射性物質予測の個別公表控えて』気象学会が通知　研究者に波紋」とある。注意を向けたいのは、リード（前文）の「福島第一原発の事故を受け、日本気象学会が会員の研究者らに、大気中に拡散する放射性物質の影響を予測した研究成果の公表を自粛するよう求める通知を出していたことが分かった。自由な研究活動や、重要な防災情報の発信を妨げる恐れがあり、波紋が広がっている」という表現である。

これは、「文書は3月18日付で、学会ホームページに掲載した。新野宏理事長（東京大教授）名で『学会の関係者が不確実性を伴う情報を提供することは、徒に国の防災対策に関する情報を混乱させる』『防災対策の基本は、信頼できる単一の情報に基づいて行動すること』などと書かれている」という内容を受けてのリード文であるが、もとの文書を確認すると、そこには「自粛」の文字は出てこない。つまり、この記事を書いた記者の解釈が入ってこのリード文の表現になったということになる。言い換えれば、他者に慎重な態度や行動を求めた文書が、「研究成果の公表を自粛するよう求める通知」として解釈されたということである。ここでは他者に行動を慎むよう求めた部分が、「自粛するよう求める」という表現に置き換えられている。たんなるニュアンスの違いにも見えるが、見落とすことのできないこの意味変換についてもう少し考えてみよう。

他者に行動を慎むよう求めることと、他者に「自分から進んで、行いや態度を慎む」ように求めることとの間には、微妙だが重要な違いがある。自分の行動を他者からの要請に従って慎むのか、誰かに求められなくとも自らの意思で慎むのか、それとも、求められたものだとしても、それをあたかも自らの意思で慎んだとするのか、といった違いの問題がここから明らかになる。自律・自立した自己＝個人の意思決定をめぐるやりとりの問題である。

このような微妙だが重要な意味の転換が起きているにもかかわらず、このようなリード文に読者が何も疑問を抱かないとすれば、それは、私たちがすでに、自粛とは求められ、要請されるものだと認識し、そう理解できることを、過去の経験を通じて「知っている」からではないか。少なくとも記者は、それが既知であることを前提に、実際には自粛の語がなかったにもかかわらず、このようなリード文を書くことができたのだろう。しかも、「研究成果の公表を自粛するよう求める通知」といった表現には、自粛を要請する側とそれを受け取る側との間の関係性が、対等ではないことも想定されているように見える。権威や権力を背景に、「上から」自粛が要請される、といったニュアンスを伝えるリード文のように読めるのである。こうしたニュアンスをこのリード文から嗅ぎ取ることができるのも、私たちが自粛をめぐる知識の在庫に、このような関係性（上下関係）を推測できる知識をすでに獲得していたからではないのか。

「要請される自粛」前史

そのような知識を蓄積した経験として、すぐに思い起こすことができるのは、戦時下の経験である。ここでも『朝日新聞』のデータベースを使って時間を遡ると、「事変下」と呼ばれた日中戦争（1937年7月〜1945年8月）の時期に、自粛の語が新聞の見出しなどに頻繁に登場することが明らかとなる。たとえば、1938年9月11日の記事の見出しは、「『自粛リーグ戦』開幕！」とある。その記事の一部を紹介すると、

事変下に三度迎えた六大学リーグ戦——自粛秋季戦は十日芝生の緑に秋の色爽やかな神宮球場で銃後球戦にふさわしき緊張裡に幕を切った。

流石に事変下だけに夜明かしで切符売場に頑張るファン風景は見られなかったが（後略）

東京六大学のリーグ戦を「自粛リーグ」と称していた。「事変下」を意識しての、「銃後球戦にふさわしき緊張裡」をともなった開幕の風景を紹介した記事である。ただし、この記事ではまだ、自粛が要請されたものであったかどうかは明らかではなかった。

しかし、総力戦体制の形成が進む中で、次第に自粛は国家が要請するものといったニュアンスが濃くなっていった。近衛文麿（このえふみまろ）首相の下で1937年8月24日に閣議決定された「国民精神総動員実施要綱」に基づき、同年10月には第一回国民精神総動員強調週間が始まった。さらに39年3月には文部大臣（荒木貞夫陸軍大将）を委員長とする国民精神総動員委員会が設置され、国民生活への戦争協力を求めていく。その一環として、自粛の語に、要請や強制のニュアンスが加わっていったと考えることができる。

たとえば、1939年5月18日付夕刊には、「学生の自粛強化　学務部長会議　山脇次官力説す／厚生省所管」という見出しのもとに、厚生省の山脇次官の発言が紹介されている。その中の一節に、

一、学生生徒の精神動員に就て

精神総動員は国民精神を戦時態勢に置くものであるにも拘らず学生生徒中自粛自戒の余地あるを痛感するので国家最悪の場合を基準として一身を処するの修養に就て一層指導鞭撻せねばならぬと信ずると共に学生生徒を通じて之を家庭に及ぼすことの必要を痛感する。(後略)

とある。学生生徒の生活態度の中に「自粛自戒の余地あるを痛感」し、それを正すよう「一層指導鞭撻せねばならぬ」というのである。学生生徒の自主的な生活態度の改善を求めているように見えて、それを「指導鞭撻」する必要性が併せて強調されている。

国民精神総動員委員会は国民生活の隅々にまで「介入」していく。有名な「パーマネントはやめましょう」のスローガンも、この委員会が定めた「生活刷新案」に含まれたパーマネント廃止を訴えるものであった。それに呼応するかのように、1939年7月27日付朝刊の記事で、「手軽な結い上げ　自粛型の夏の髪」を写真付きで紹介している。パーマネントに代わる女性の髪型として、「自粛型の夏の髪」という表現が使われたのである。もちろん、この場合の自粛も、国民生活からゼイタクを廃することをねらった「生活刷新案」に沿った、半ば強制的な「要請」への反応としてみることができる。

このパーマネント廃止を求めた「生活刷新案」の原文には、ただし自粛の文字は現れない。やや長いが当該箇所を引用する。

「生活刷新基本方策」

三、第一期刷新項目

差当り刷新項目として左の事項を採り上げ強力に実践に力むることとし、政府は夫々其の所管事項に付適切なる措置を講ずると共に、国民精神総動員中央聯盟は之が普及徹底に努力すること。尚第二期には前記の成績を検討した上更に刷新項目を追加すること。

(一) 料理店、飲食店、「カフェー」、待合、遊戯場等の営業時間の短縮

(二) 「ネオンサイン」の抑制

(三) 一定の階層の禁酒、一定の場所の禁酒

(四) 冠婚葬祭に伴う弊風打破就中奢侈なる結婚披露宴等の廃止

(五) 中元、歳暮の贈答廃止

(六) 服装の簡易化

「フロックコート」、「モーニングコート」の着用は公式の儀礼に限り、其の他は平常服を以て之に代えること。
男子学生生徒の長髪廃止
婦女子の「パーマネントウエーヴ」其の他浮華なる化粧服装の廃止

四、徹底方法
公私生活の戦時態勢化を徹底する為既存の実行組織を整備し、各官公衙、会社、工場等職場毎に、市町村の区、町内、部落等地域毎に、各種団体学校毎に指導督励の担任者を定め、国民各個に滲透するよう自ら率先実行せしむると共に指導督励に当らしめること。

（『公私生活ヲ刷新シ戦時態勢化スルノ基本方策決定ノ件』昭和14年7月11日、国立公文書館デジタルアーカイブより）

「徹底方法」として、団体ごとに「担任者」を決め、「国民各個に滲透するよう自ら率先実行せしむると共に指導督励に当らしめること」が求められている。担任者による「自ら率先実行」と「指導督励」とが同居しているところが着目に値する点である。つまり、大枠としては国家による強制に近い要請が行われ、その徹底には「指導督励」という名の方法が謳われながら、「自ら率先実行せしむる」といった「自分から進んで、行いや態度を慎む」といった自粛の意味が重ねられている。それが「担任者」を超えて一般の国民にまで普及したひとつの形が、「自粛型の夏の髪」であった。

朝日新聞のデータベースを見る限り、「自粛」の語の使用頻度は、日米開戦後の1941年12月以後になると減っていく印象がある。報道への統制が強まったことや、そもそも新聞発行の面での人的物的制約が大きくなった影響（紙面の縮小）もあるだろうが、ひとつの解釈は、国民生活への国家の統制がより直接的かつ強まっていくことで、かつては「自粛」の要請で済んでいたことが、より強制的な縛りに変化したためだと推察できる。

「神戸大学経済経営研究所新聞記事文庫」のデジタルアーカイブを使って調べると、1942年11月10日付『大阪毎日新聞』に、「『国内これ戦場』の意識　生活の上に徹底実践　大東亜戦争一周年を迎え大国民運動展開　翼賛会発表」という見出しのもとに、大政翼賛会（1940年10月に国民精神総動員委員会を吸収統合）が発表した、「戦場精神の昂揚、生産増強の決行、戦争生活実践の徹底の三大目標を定めて大政翼賛運動をますます強力活潑に展開」するための「基本要綱」が紹介されている。その中に、「三、（三）戦争生活実践の徹底運動」の項目がある。そこには、生活必需物資の配給の適正化による国民生活の安定および生活の明朗化、簡素化、剛健化など戦争生活実践の徹底を目標とし左記運動を強力に展開すること
(イ) 適正配給の実践 (1) 生活道義の昂揚 (2) 集荷および配給の改善 (3) 配給業者および一般消費者の自粛 (4) 基盤国民組織における生活必需物資の受給方法の改善
(ロ) 国民生活の明朗化、簡素化、剛健化
(ハ) 健兵健民 (1) 国民体力増強 (2) 母性および乳幼児の保護
(ニ) 玄米食の普及奨励
(ホ) 国民貯蓄強化 (1) 貯蓄の増強 (2) 公債完全消化
(ヘ) 民防空の強化

とある。自粛の文字も見られるが、この文書全体のトーンは統制色・強制色が強いことは間違いない。戦争協力への国民の自発性が求められていても、それはあくまで国家が定めた枠組みの中で、国家が決めた方向に沿うものでなければならなかった。国民生活の隅々にまで、「『国内これ戦場』の意識」を浸透させるための統制が、一部に自粛の語が入り込む余地

を残しつつも、国民自らが進んで国家に奉仕する国民精神総動員体制に組み込まれていったのである。

このように見ていくと、自粛が要請されるものへと変化していく中で、自粛を呼びかける〈何か〉が明瞭になっていったことが明らかとなる。国民精神総動員委員会や大政翼賛会といった団体、さらにその下部組織（「傘下諸団体」）が直接の呼びかけ人であったことは間違いない。もちろんその背後には国家というより大きな存在があった。戦時体制下で総力戦体制、国民精神総動員体制を築き上げるためには、国民の動員を強制力に頼るだけでは不十分で、国民自らが「進んで」動員に加わることが求められた。だからこそ、「国民精神」に働きかけることが不可欠であった。「国民精神総動員」という名の強制は、それゆえ、「自分から進んで、行いや態度を慎む」こと（自粛）や自らを戒めること（自戒）を「上から」求めた。このような戦時下でつくりだされた、要請され、強制される自粛の経験が、知識として私たちの世界認識に付け加わったのではないか。それゆえ自粛という表現は、一方でその元々の意味である自主的な判断や抑制という意味を残しながらも、それに上書きされるように、要請され、時に強制されるものとしても通用する、そういう知識としてストックされていったと考えられるのである。

4　政府／国家と国民の関係

このような「自粛小史」をふまえた上で、自粛を〈呼びかける〉政府＝国家と個人との関係について考えてみよう。とりわけ日本社会が知識の在庫にしまい込んだ、「上から」要請され強制される自粛という経験知を呼び起こすことで、コロナ禍において「自粛」に込められた複雑な意味が、どのように作用したのかを、政府＝国家と個人との関係において検討する。

先に述べたように、イギリスのロックダウンの時にとられた「Stay home」であれば、それを呼びかけるのが政府であったことは明らかである。だから、その緩和も解除も、政府が行った。ここに見られるのは、命令を下す政府と、それを受け入れる国民との直接的な（契約的）関係である。そこでは、政府の側にも国民の側にも、相互の責任と義務の関係が共有されている。遠慮でも自粛でもなく、自分たちの選んだ政府の命令に従うことが、社会全体の理に適い、利に資するという古典的な市民社会論の理解＝知識がベースにある。それが"(Let's) Stay home"である。

それに対し、自粛要請（緩和、解除）を呼びかける政府は、これと同じ意味で国民との相互の責任や義務を共有するわけではない。また、鋭く対峙しているわけでもない。それらを曖昧にしたままでも〈呼びかける〉ことができる。先に見た戦時下での強制やそれに近い「自粛」要請とは異なるものの、「自分から進んで、行いや態度を慎む」ように〈呼びかける〉。その声の主は、実態としては政府や行政の誰かであり、あるいはそれに関わる専門家である。しかし、私たちが、「自分から進んで、行いや態度を慎む」ように自粛をするのは、直接その声に応えるからではない。その点で、誰が呼びかけていたかが明白だった、戦時下での強制やそれに近い「自粛」要請に応えた場合とは異なる。現在のコロナ禍での政府や行政の呼びかけへの応答は、その声の主とは別の、呼びかける〈何か〉を想定することで可能となる。

5　呼びかける主体と呼びかけられる主体

この問題を解くために、二つの問いを設定しよう。一つ目は、自粛を要請したり、緩和したり、その解除を言い渡す、その呼びかけは誰（何）によって行われているのかという問いであり、二つ目は、自粛を要請され、自粛の緩和を許され、自粛の解除を受け入れる、このような自粛をめぐる呼びかけに応答する時、そこにどのような主体が立ち上がるのか、という問題である。

一つ目の問いについて考えると、前述の通り、自粛について呼びかける政府は代弁者にすぎない。法に基づく規制や命令であれば、呼びかけの主体は明らかに公的権力である。選挙によって選ばれた政府に与えられた権限の行使であり、そこでの政府とは「法の支配」に服する機能集団である。

それに対し、自粛を呼びかける政府は、たとえ緊急事態宣言の下でも、強い権限によって個人の行動を制約することはしなかった。その機能的な代替物として自粛が使われた。それは、法の枠組みの中での命令服従という関係ではなく、あえて言えば、善悪の判断が行われる、道徳的な空間における要請と応答という関係をつくりだした。自粛による行動の統制は、いわば道徳を呼び込んだと見ることができるのである。

なるほど同調圧力も関係しただろう。だが、それが自粛において力を発揮するのは、道徳的な判断と関わる場合である。営業自粛が求められる時、あえて開店する小規模店舗は、法ではなく道徳の面で悪として糾弾された。「自粛警察」による「取り締まり」は法的根拠に基づくのではない。道徳的な（独自の）善悪の判断によっていた。ロックダウンの法的規制の下で、公的権力である警察がステイホームの命令に従わない人びとに罰金を科す法的空間とはまったく異なっていたのだ。

道徳とは共同体のルールである。しかも、そこでの善悪の基準は、時代によって変化し、多数派の価値観や特定のイデオロギーが力を得たりする。時に恣意的でさえある。合理的・合法的判断より情緒的判断が優先される場合も少なくない。

ここから引き出すことのできる仮説的な結論は、自粛の氾濫は、このように政府の役割を道徳の世界に引き込んでしまったのではないか、という推論である。遠回しの命令を道徳的な空間で通用する自粛に代替することで発揮された（曖昧な）権力の行使である。それゆえ責任の主体はおぼろげになる。

次に、そのような自粛の呼びかけに応えることで、主体にはどのような変化が生じたかを考えてみよう。自粛要請の妙は、遠慮と同様に遠回しの命令のニュアンスを含みながらも、遠慮への応答以上に、あたかもそこに自己選択・自己決定する「主体」の介在を仮構することで、その要請に自ら進んで従っているかのような枠組みを、「自粛の氾濫」を通じて社会がつくりだしたところにあった。

言い換えれば、それほど明確な自発性（自由意志）の自覚をともなうことなく、自ら進んで選んだことの共通の了解として、自粛の「要請」に従ってしまうのだ。こうした自粛の呼びかけが契約的関係とは異なる道徳の世界の出来事だとすれば、呼びかけに応じることで成立する主体の輪郭もまた曖昧にならざるをえない。道徳の世界における価値判断が恣意的・流動的であり、かつそれは人びとが自らの所属を想定する想像の共同体のルールの読み取り方いかんに関わるからだ。行動の基準は共同体で共有された善悪の基準——道徳的判断である。

それゆえ、自粛を通じて形成された、道徳の世界で応答することで立ち上がる主体は、（想像の）共同体への配慮に根ざしている。とはいえ、「空気」の読み合いが生じたのではない。そもそも日本社会に備わった「同調圧力」が働いたのでもない。こうした上位概念の外挿による演繹的な説明でわかったつもりの思考停止に終わるのでなく、行動を相互に規制する際に用いられる知識のあり様に注目することが重要である。[2] 社会的に共有された知識のあり様が、結果として、空気の読み合いや同調圧力として解釈可能な現象を可能にしたと見るのである。

その正体は、昭和天皇崩御や、阪神・淡路大震災、東日本大震災後に氾濫した「自粛」の経験、さらに遡れば戦時下での「上（お上）」から半ば強制的に要請された「自粛」を受け入れた過去の記憶や記録――「自粛」の語によって語られ理解された経験が積み上げた知識の在庫――によって枠づけられた、私たちが互いの行動を理解し統制する時の思考の習性（クセ）である。

　過去に蓄積されたその知識の在庫に、今回、自粛の新たな意味と作用が付け加えられた。自主規制でもないのに、自粛という言葉によって、遠回しの命令に近い要求が、自粛の要請として語られ、それが自覚的に反省することもなく広くすんなりと受け入れられたのである。そして、そのように一旦要請された自粛が、緩和されたり、解除されたりする経験の束を、私たちは「自粛」という言葉で理解し、知識の在庫に付け加えた。「自粛」は、要請も緩和も解除もできる、新たな意味と力を得たのだ。緩和も解除も行われずに強制度を増していった（それゆえ、最後には自粛としては語りえなくなった）戦時下の自粛とは異なり、融通無碍に要請も緩和も解除もできる、行動統制の道具立てとしての力をコロナ禍での自粛の経験が付け加えたのである。

　しかも、それに慣れきった、呼びかけに応答する側の主体（性）にも変化が及んだ可能性がある。国家との明確な契約関係に基づくことなく、（想像の）共同体のルール＝「道徳」

を受け入れ、それに従う曖昧な主体（性）の普及である。外に現れる現象として見れば、それは「空気」の読み合いであったり、同調圧力への追従であったりするのだろう。また、そのように語られることで、これらの語もまた知識の在庫から何者かを呼び出し、「他者からのまなざし」の影響を「理解」する枠組みの構築にメタファーとして作動する。それがまた知識の在庫に付け加えられる。だが、そのうわべの現象の奥底に、私たちが蓄積してきた知識の在庫があり、それが私たちの認識や理解の枠組みを形成していることへの注意を怠ると、この曖昧な主体（性）が何に由来し、いかにしてそこに至ったのかが理解できなくなる。

6　本章の終わりに

幸いなことに、自粛による行動統制は一定の成功を収めた。感染拡大に歯止めをかけたのは、その因果関係は不明でも、「自粛すべし」という道徳的な正当化言説（何が正しいかについての知識の在庫）が人びとの行動を実際に変えたからだ。

この成功体験は、コロナ後の日本社会に何を残すのか。道徳は無限拡大する。そこでの善悪の基準は流動的でかつ恣意的な場合が少なくない。しかも、これまでの成功体験は、すでにそこに存在する共同体への一体化の強化に貢献した。この体験が共同体への埋没（「忖度する主体」の形成）となるのか（拙著『追いついた近代 消えた近代』岩波書店、2019年を参照）。さらにそれを、「空気」の読み合いとか「同調圧力」といった言葉でわかったつもりで説明・納得し、そこで思考停止してしまう日本文化論的（没）思考を強化するのか。それとも「個人主義」を標榜する西欧モデルとは異なりながらも、日本社会でコロナウイルスとともに生き抜く——自粛の意味合いと作用を見極め、時にそれに抗うことのできる——生活者・当事者としての自覚を備えた主体の立ち上げになるのか。

自分たちの行動や関係性を枠づけ、律する知識の在庫＝慣性化した正当化言説がどこから来て、どのように作用したか。そのことへの注意を怠ると、思わぬ結果になる。

〈注〉

（1）憲法学者の長谷部恭男（やすお）によれば、罰則つきの規制は現憲法下でもできるという。「憲法が求めているのは『権力的な手段は抑制的に使いなさい』ということで、特措法もそういう仕組みになっています。ただし、現憲法下では強制措置はとれないということではない。いわゆる『3密』のような、感染リスクが明らかに高い店を営業することは、そもそも憲法の保護の範囲外と考えられます。営業を禁止し、違反者に罰則を科しても憲法上は問題ありません」。さらに長谷部は「国会で法律をつくればいいだけです。その国会をさっさと閉じておいて、憲法を変えないと打つべき手を打てないかのように言うのはペテンです」とまでいう（「自粛か法規制か、冷たいようだが…　憲法学者×政治学者」『朝日新聞デジタル』２０２０年7月25日付）。

（2）もちろん、たとえば太田肇の『同調圧力の正体』（ＰＨＰ新書、２０２１年）のように、文化論を超え、組織論・共同体論・イデオロギー論を駆使して、同調圧力の「正体」に迫った研究もある。

5章　人材の「鎖国」——人的資本劣化のサイクル

1　コロナ禍での入国制限

データで見る「令和の鎖国」

コロナ禍に直面して多くの国が当初、国境を閉ざした。グローバル化の下で進んできた国境をまたぐ人材の流動化にブレーキがかかったといってよい。それでも時間の経過につれ新型コロナウイルスやその感染症についての科学的知見や医学的対応が積み重なっていくと、先進国の多くは徐々にそのブレーキをゆるめていった。

そのような中で、日本の対応は他の先進国と比べてきわめて厳しい「水際対策」を続けたといっていいだろう。日本での感染者数や死亡者数は他国に比べて桁違いに少なかったことに照らせば、その厳しさは、まるで「鎖国」状態だという見解も少なくなかった。実際に、報道では「鎖国」という表現が頻繁に使われた。たとえば、『毎日新聞』はニュースサイトで2022年2月から「令和の鎖国」のタイトルで連載を行った。このタイトルが日本人読者に訴求力を持つと考えたからだろう。この語を通じて、過去の記憶や印象が「知識の在庫」から呼び戻された格好である。もちろん、必ずしも正確な知識というわけではないのだが、それでもイメージ喚起力という点で、「鎖国」と称された国境管理は日本人にとって、ある特別な意味を付加した政策と映った。

コロナ禍において、日本政府は、たとえば留学生の入国には厳しい措置を続けてきた。2021年春以降、段階的に入国を制限し始め、全体の95%を占める私費留学生の入国制限が行われた。『読売新聞』(2021年9月18日付)によれば、留学生の新規入国を認めなかった国は、主要7ヶ国(G7)の中で日本だけだった。他のG7諸国の感染者数が日本に比べ桁違いに多かったことを考えれば、日本の姿勢は、留学生に対しひときわ厳しい措置だったといえる。

図1を見てほしい。このグラフは、コロナ禍以前の2019年1月からコロナ禍中の21年

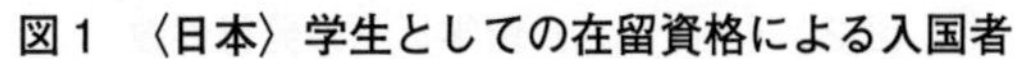

図1 〈日本〉学生としての在留資格による入国者

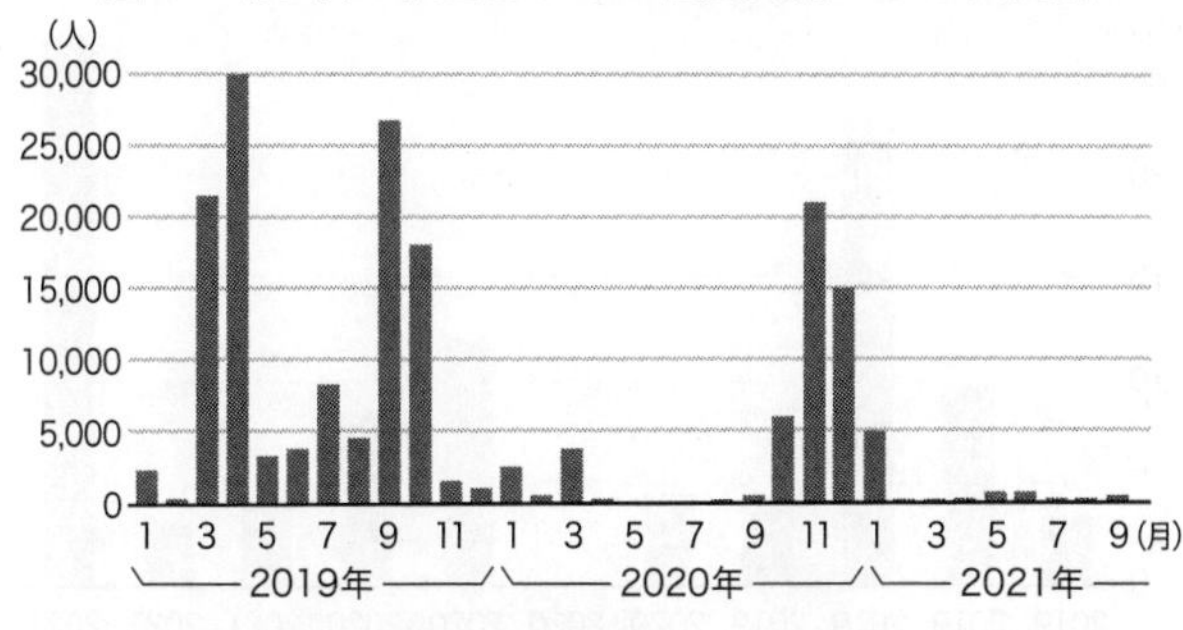

出所）元データは法務省出入国管理統計

9月までに、日本への留学生として在留資格を得た入国者数の推移を示している。21年2月以降、その数が急減したことがわかる。

他方、尺度（イギリスは一桁大きい）もカテゴリーの違いもあるので単純な比較はできないが、図2のグラフが示すのは、イギリスにおける学生ビザの発行件数（非留学生数）の推移である。新年度が始まるのが10月であり、そのためのビザの発行は7~9月にピークを迎える。その時期を見ると、21年においても減少が見られなかったことに気づくだろう。コロナ以前の19年の同時期より若干増えてさえいる（図1、2はいずれもJICA緒方貞子平和開発研究所の萱島信子氏作成。萱島氏のご厚意により再掲を許していただいた）。

21年のイギリスのコロナ感染者数は日本とは桁違いに多かった。コロナの感染が収まったからイギリスでの留

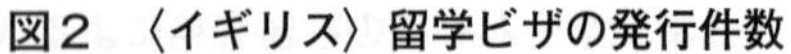
図２　〈イギリス〉留学ビザの発行件数

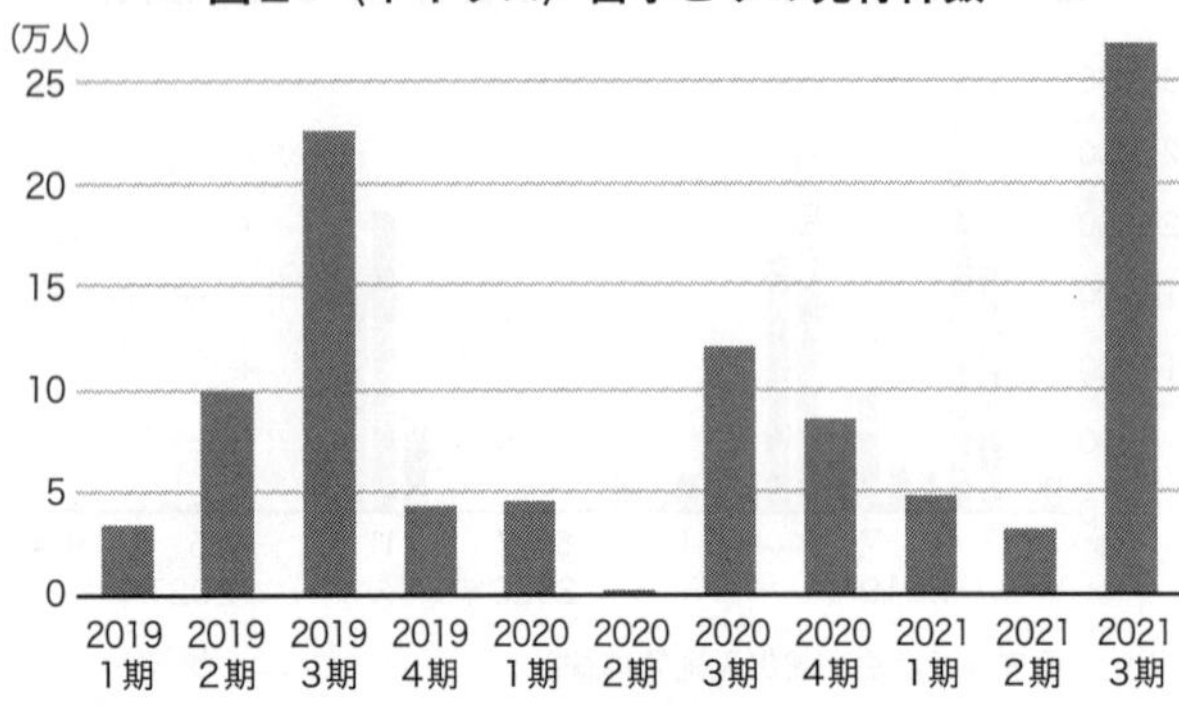

出所）イギリスのデータはUK Home Office. Immigration statisticsより

学生の入国が増えたわけではないのだ。この２国間の比較からも、日本が留学生の入国に厳しい措置をとってきたことがわかる。そしてそれは、さまざまな報道が「鎖国」という表現で非難したように、先進国の中では日本だけに当てはまる厳しい「水際対策」であった。「鎖国」の語をほとんど誰もが知っている日本の言説空間においては、おそらく「水際対策」――この表現も興味深い。たんなる入国管理とは違うニュアンスを持っているからだ――自体の意味づけも、他国とは違ったのだろう。

その特異性は、オミクロン株流行の中でさらに顕著となった。日本では21年11月8日に外国人技能実習生や留学生などの入国制限が一旦緩和されたのも束の間、同月30日に再び外国人の入国が原則禁じられた。先の統計にはまだ表れていなかったが、同年

12月以後の留学生の入国は、少数派にすぎない国費留学生に限定されることになったのだ。政府は、22年3月以降徐々に外国籍を持つ人の入国制限を緩和すると宣言したが、当面は3500人の上限を5000人に増やす程度の微増に留まった。その後、4月10日からは1万人にまで拡大し、6月には2万人にまで拡張した。

国境管理に見るご都合主義

プロローグでも述べたように、歴史的に実際の鎖国経験を持つ日本人にとって、「邪悪なるもの＝鬼」は外部から侵入すると考えられた。感染症はその最たるものだ。21年12月の厳しく素早い「水際対策」が国内で歓迎されたのも、ウチを守るためにソトからの侵入者（＝邪悪）を防ぐ――「鎖国」という歴史的体験（の記憶）が「知識の在庫」から呼び戻されたからだ。「島国」という日本人のアイデンティティも、「水際対策」や「鎖国」といった言葉に特別の意味を与えるのに寄与しただろう。

国境管理によって自国民を感染から守ろうとする姿勢は、どの国の政府にも共通する。それゆえ日本だけに特異なものではない。ただ、それを「鎖国」や「水際対策」のような特別な表現で理解しようとしないだけだ。もっと一般的表現（たとえば入国制限を意味する

restriction）が使われるのが普通である。

そして、以下の議論にとって重要になるのが、どの部分で国を開いておくかをめぐっての温度差である。その点で、留学生への対応の差異は、それぞれの社会が留学生をどのように見ているかの違いを反映した。社会や文化や人材の多様性（ダイバーシティ）を高める存在として留学生を受け入れるか。あるいは一時的な「客人」（私立大学を含む教育ビジネスの顧客、あるいは労働力不足を補う安価な労働力）と見るかの違いである。21年末からの厳しい入国制限を見る限り、日本では、留学生は感染拡大のリスクを冒してまで招く必要のない、「異質」なものと位置づけられたとさえ言うことができる（ただし入国できない外国人学生にはリモートでの教育を日本の大学は提供した）。

これもプロローグで少し触れたが、明治以後の日本人は、外から入ってくるものを選り分ける「和魂洋才」によって近代化を実現しようとした。長年の鎖国経験が、その「和魂」的なるものをつくり強化した。もちろん、そこでの「和」がどこまで日本文化に固有のものであったかには疑問が生じる。何世紀にもわたって中国や朝鮮半島の文化との混交の結果、「和魂」と呼ばれるものがつくられてきたからだ。そもそも「和魂漢才」と言われた時点でさえ、そこでの「和魂」はやはり長年の文化的な交流の中で形成されたものだ（漢字自体がそうだ）。そのような経験の記憶が、明治維新以降の近代化の中で呼び戻され、今度は「和魂洋才」として言い換えられた。圧倒的な西欧文明に直面する中で、「和魂漢才」以上に「和」の部分が強調された（のちにそれは大和魂としてより純化され、ナショナリズムに利用される）。後発的な近代化を遂げる社会につきものの、先進的西欧文明に対抗する際に生じる一種のアイデンティティ・クライシスの表れである（平川祐弘『和魂洋才の系譜』上下、平凡社ライブラリー、２００６年）。

こうした近代化の歴史を通じて、日本人は自分たちに都合のよいものは歓迎し、都合の悪いものは拒絶する習性を身につけた。いや、より正確に言えば、そのような習性を持つ自己像を描き、それを知識の在庫に付け加えた。鎖国という歴史的経験――長崎の出島を通じた「都合のよいもの」だけの摂取――の記憶を呼び起こし、「都合のよい」国の開き方・閉じ方を選ぶことを受け入れてきたのである。国境を閉ざすことが困難で、異なる文化が交じり合うことを受け入れ、多様性を抱えざるをえない社会、すなわち「鎖国」の語彙を持たない国とは異なる経験、そしてその記憶である。そうした経験の記憶や、そこに蓄積された「知識」、たとえば、「和魂洋才」や「鎖国」といった言葉で呼び戻されるある種の認識枠組みを、今の私たちも「都合」よく呼び出し、採用する。留学生も、「都合のよいもの」として受け入れられる時もあれば、「都合の悪いもの」として入国制限の対象にもなる。まさにご都合主義だ。

他国との違いは、現代になると、多様性や異質性に対するその社会の寛容さの違いとして表れる。その点で、留学生への対応の違いは、それぞれの社会が留学生をどのように見ているかの違いの反映であったと言ってよい。他方で、多様性の欠如は、日本的な仕組みの自明性と保守性を高め、その変革を阻んできたとの指摘もある。

2　市場における交換と競争

フーコーの市場論

ここで議論を、文化論とは違う方向に展開する。実態レベルの問題へのアプローチである。文化論に裏づけられた彼我の違いを見る時、グローバルに展開する人材獲得競争の中で、コロナ後の日本は人材の高度化・多様化を進めることができるか、という問題である。

この問題を考える上で補助線となるのが、人材育成に関わる「市場」というテーマである。そして、この点で参考となるのが、フランスの著名な思想家ミシェル・フーコーによる、市場についての興味深い指摘である。

フーコーは晩年の講演で、長らく交換の場であった市場が、ネオリベラル思想が世界を席巻する中で競争の場に変わったと指摘した。重要な部分を引用しよう。

第一の変化は交換のそれであり、市場の原理における交換（exchange）から競争（competition）への変化である。18世紀の自由主義では、市場はどのように定義されていたのか、あるいはどのような根拠に基づいて説明されていたのか。それは、二つのパートナー間の自由な交換に基づいて定義され、説明されていた。市場のモデル・原理原則は交換であり、市場の自由、第三者やいかなる権威の不介入、そして当然ながら国家権力の不介入が適用された。市場は効力のある場であり、そこでの交換の等価性は本当に等価であった。

（M. Foucault, Arnold I. Davidson, Graham Burchell, 2008, The Birth of Biopolitics : Lectures at the Collège De France, 1978-1979. Houndmills, Basingstoke, Hampshire [United Kingdom]: Palgrave Macmillan, p.118、日本語訳は筆者。以下の引用も同）

市場の古典的な理解（18世紀の自由主義）によれば、その第一義的な役割は「交換」であったというのだ。しかも、そのような理解に従えば、自由な市場での交換は、価値の等価性（交換されるもの同士の価値が等しいこと）を保証した。
ところが、とフーコーは続ける。

いまや、新自由主義者にとって、市場で最も重要なことは、18世紀の自由主義経済学者が想像したような、もともとの、架空の状況である交換ではない。市場の本質は別のところにあり、それは競争である。（同 p.118）

新自由主義の登場によって、「交換」から「競争」へと、市場の果たすべき役割についての認識が大きく変わったというのだ。ただし、市場が主として競争の場になったからといって、そこでの交換がなくなるわけではない。この変化にともない、市場での交換の等価性が不平等に置き換わる。再びフーコーを引けば、

19世紀末以来、実質的にすべての自由主義理論は、市場について最も重要なことは競争であり、すなわち等価性ではなく、逆に不平等であることを認めてきた。（同 p.119）

すなわち、交換の場から競争の場に変わることで、市場は不平等を生み出す場へと変わった、というのだ。

このようなフーコーの指摘に対しては、史実をめぐり歴史学者からの批判がないわけではない[1]。だが、ここで取り上げたいのは史実の検証ではない。また、ここではフーコーの議論を丹念にたどることも目的ではない。あくまで市場における交換と競争という議論に示唆を受け、それを以下の議論の補助線として使うということだ。

フーコーの指摘には含まれていないが、市場が閉ざされている場合の「競争」と「交換」について考えてみよう。とりわけここで検討するのは、留学生や海外からの高度人材の流入に「冷たい」、日本における人的資本市場（大学入学市場、就職市場、転職市場・昇進市場）の特徴である。

高学歴化したのに、なぜ労働生産性が上がらないのか

論点を取り出すために、基本的な事実の確認から始めよう。図3に示すように、２００７年から17年の間に、生産年齢人口の主軸と考えられる40代の男女雇用者のうち、大卒以上が

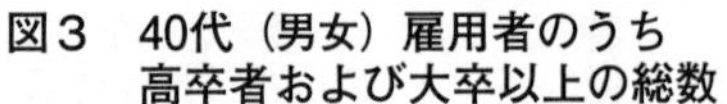
図3　40代（男女）雇用者のうち
高卒者および大卒以上の総数

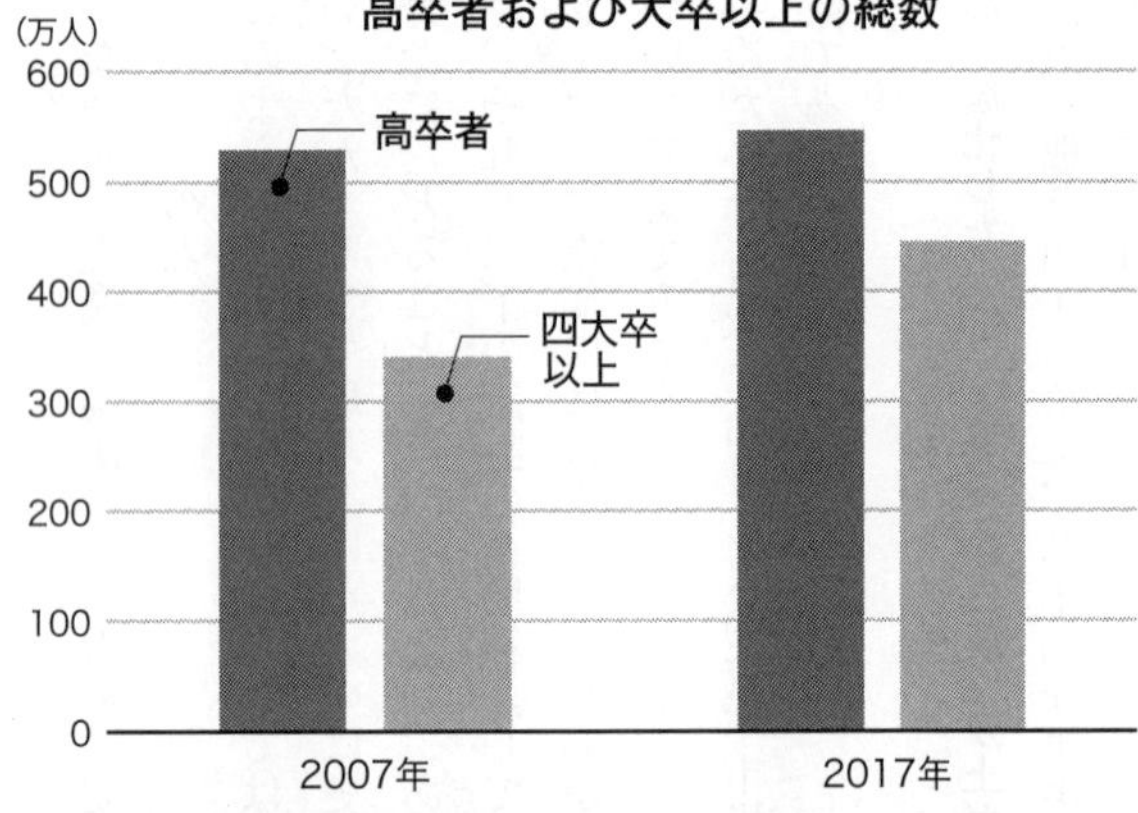

出所）就業構造基本調査より筆者作成

およそ100万人増えた。経済学の教科書的知識に従えば、雇用者の高学歴化は人的資本の増大を意味し、社会全体の労働生産性を高める可能性を示す。

その一方で、国際的に見ると日本の労働生産性や実質賃金の停滞が指摘されてきた。この事実に照らすとひとつの謎が浮かび上がる。労働市場が交換の場であり、高学歴化により人的資本の価値が高まれば、労働生産性を高め、その対価である賃金上昇に結びつくはずだ。市場が競争の場だとしても、優勝劣敗＝市場における淘汰という原理的な理解を適用すれば、社会の高学歴化は、人的資本市場から学歴の低い人びとの「退場」を促し、それが社会全体の高学歴化に拍車をかける。そして他の先進国では、生

図4　40代（男女）大卒雇用者の正規職、非正規職

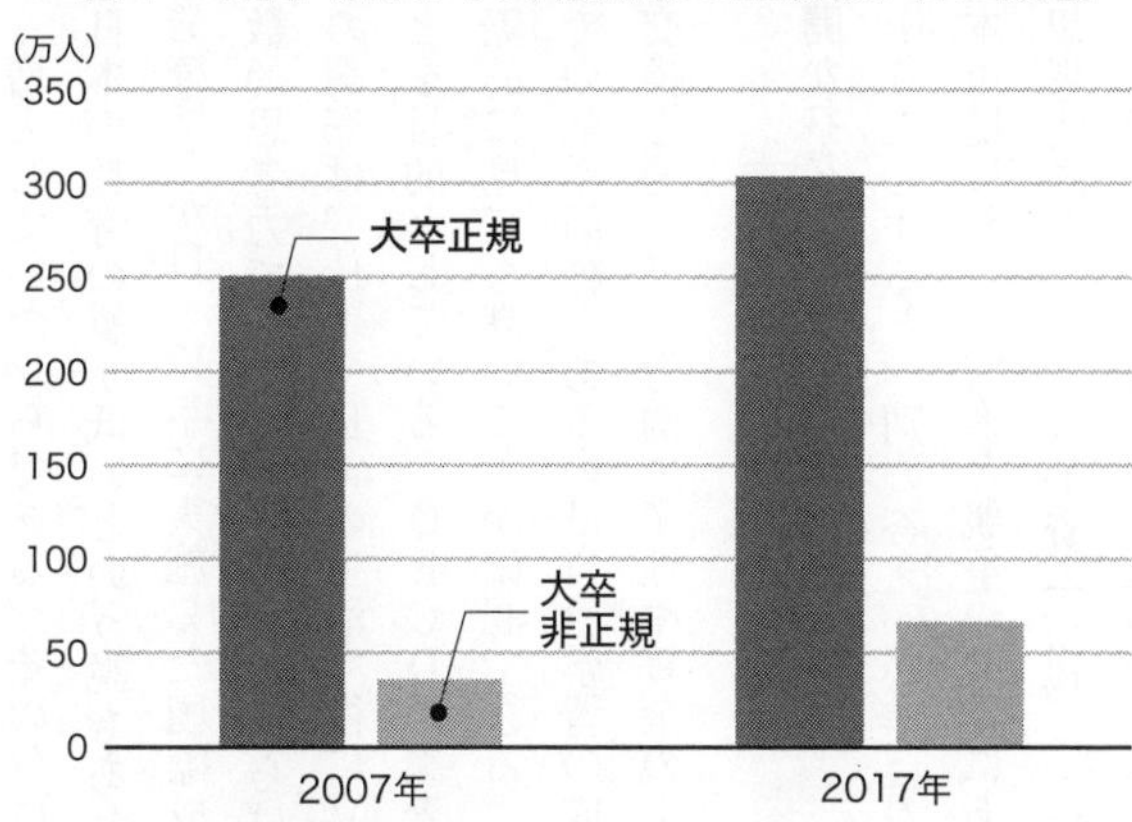

出所）就業構造基本調査より筆者作成

産年齢人口の高学歴化が進み、それにともない労働生産性が上昇した。人的資本の高度化が、変化する経済や産業のニーズにマッチした結果と見ることもできる。だが日本ではこの20年、労働生産性も賃金の上昇も生じなかった。なぜか。

ひとつの答えは、非正規雇用の拡大説である。非正規雇用では人的資本の価値（知識・能力）を生かしきれず、低い生産性に留まる。だから労働生産性の上昇に結びつかないという説明だ。

この説は部分的には正しいが、当たらない面もある。07年から17年の間に大卒雇用者（四大卒のみ）のうち、非正規職は約30万人増えたが、正規職も50万人以上増えた（図4参照）。つまり、正規職でも人的資本の高学歴者のストックが大

きく増大していたからである。その分は少なくとも生産性の上昇に寄与したはずだ。日本の教育の質が低いという説もありうるが、それも正しくはない。OECD（経済協力開発機構）が11～12年に実施した国際成人力調査（PIAAC）は、日本の成人が読解力でも数的思考力でも1位で、得点の散らばりも小さいことを示した（図5－1、5－2参照）。この調査は、仕事や日常の生活で役に立つと考えられる成人の基礎的な知的能力を測定することを目的としている。OECDの調査結果が正しいとすれば、日本社会全体の人的資本が国際的に見ても高いことが確認できる。直接の証明は難しいが、日本における学校教育や職場での職業訓練、あるいは自己学習の成果と言えるだろう。ただ、それが市場における競争や交換を通じて、労働生産性や賃金の上昇には結びついてこなかったのである。

開かれた人的資本市場の特徴とは？

そうだとすると、別の答えが必要になる。そして、謎解きの鍵は、日本の（閉じた）人的資本市場における交換と競争の関係にある、というのがここでの仮説である。

思考実験として、人的資本市場（大学入学市場、就職市場、転職市場・昇進市場）がグローバルに開かれているモデルについてはじめに考えてみよう。

図５－１　成人読解力の得点分布

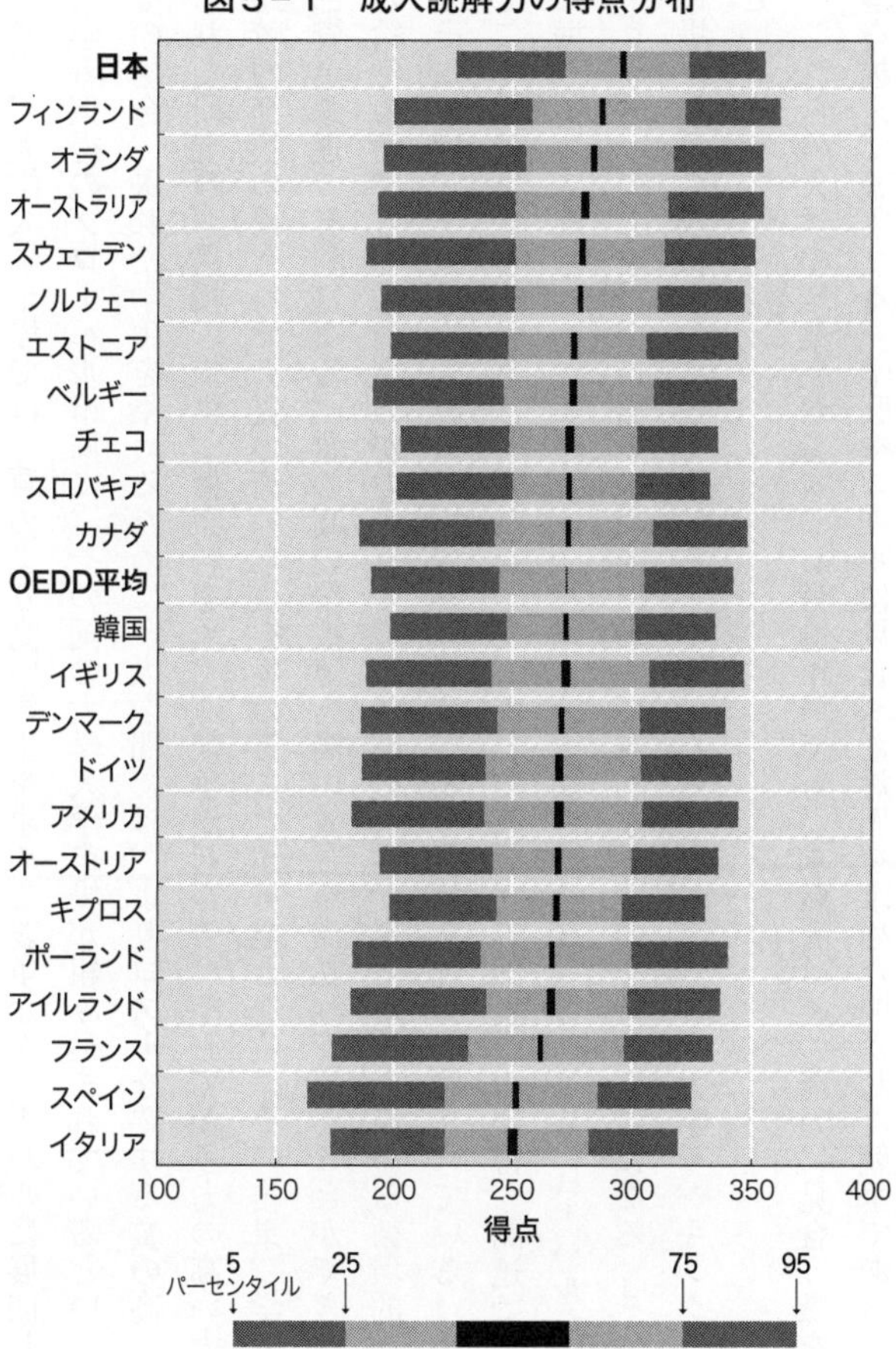

出所）「OECD 国際成人力調査（PIAAC）調査結果の要約」文部科学省、https://www.nier.go.jp/04_kenkyu_annai/pdf/piaac_summary_2013.pdf より）

まず、大学入学市場では、質のより高い学生を求める競争がグローバルに展開している。入学者獲得のグローバル市場に、その国の大学入学市場が組み込まれているということだ。その場合、優れた学生を集めるために、大学間では、よりコストを要する質の高い教育や恵まれた研究教育環境の提供、授業料をめぐる競争が起きる。そして競争力の高い大学ほど、比較的高額の授業料でも質の高い学生を集めることが可能となる。その結果、学生募集や外部資金調達で有利になる、質の高い教授陣を高い賃金を支払って招くことができる。奨学金の給付の面でもその資金力が力を貸す。英語圏の大学で生じる質を高める循環的な現象だ。

そこでは、学生市場も教員市場も外部資金市場も国境を越えて開かれている。それだけに、そこでの競争からの脱落は、優れた学生、優れた教員、外部資金の獲得・調達で不利な立場に振り落とされることを意味する。つまり、市場での競争力を持つグローバルな、「ワールドクラス」の大学は、市場での交換において有利な交渉力を持つことになる。その結果が、市場が競争の場になることで生じる不平等である。グローバルな大学ランキングはその表象といえる。

これらの大学の卒業生が参入する労働市場でも、求職者はその能力に見合う職をめぐり国境を越えて競争する。学歴やスキルに見合った対価を求めた開かれた競争である。そして雇

図5－2　成人数的思考力の得点分布

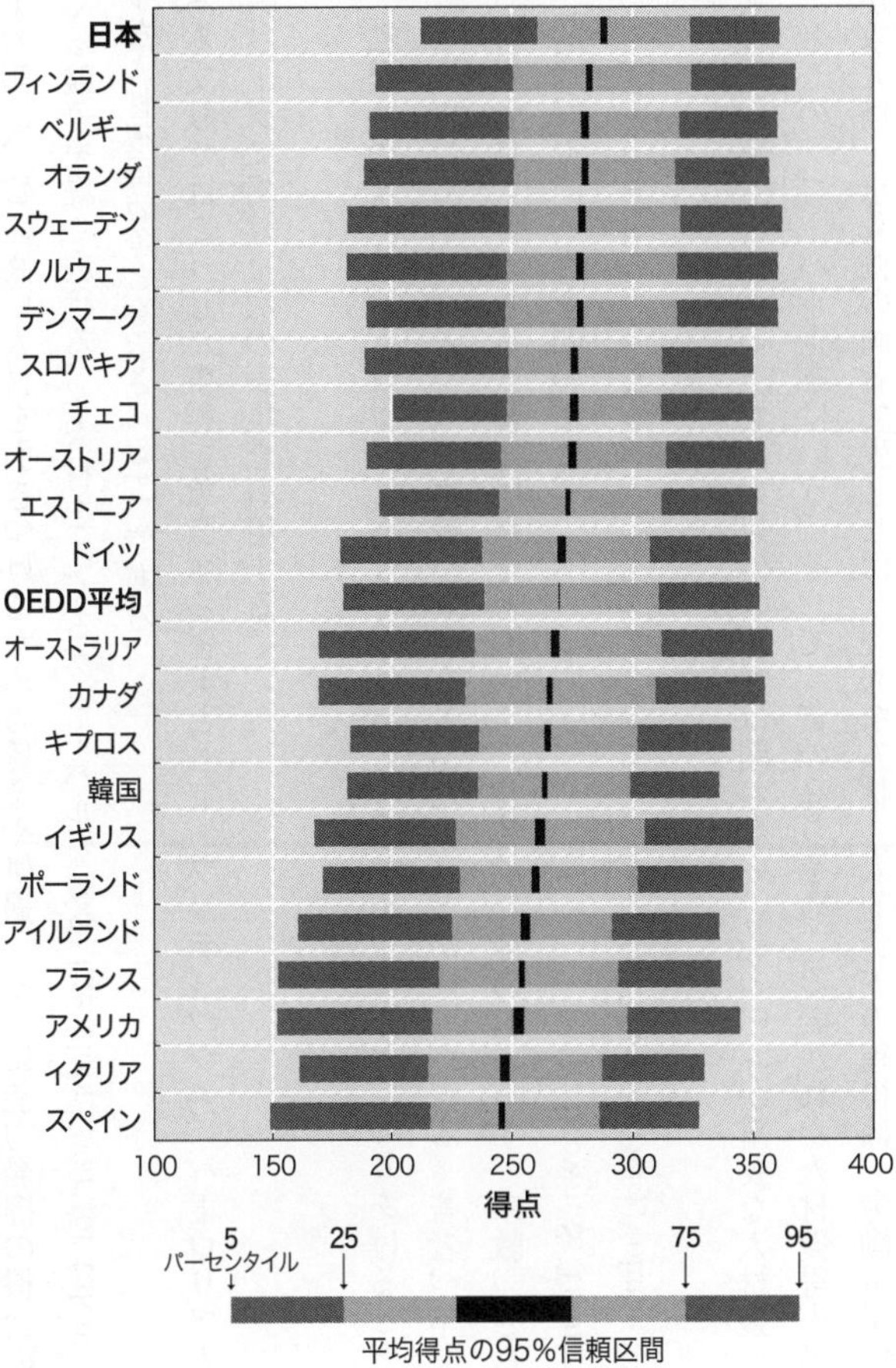

日本
フィンランド
ベルギー
オランダ
スウェーデン
ノルウェー
デンマーク
スロバキア
チェコ
オーストリア
エストニア
ドイツ
OEDD平均
オーストラリア
カナダ
キプロス
韓国
イギリス
ポーランド
アイルランド
フランス
アメリカ
イタリア
スペイン

100　150　200　250　300　350　400
得点

5 パーセンタイル　25　75　95
平均得点の95%信頼区間

出所）同前

用主の側は、質の高い人材を引きつけるための賃金や処遇、とくに能力発揮の機会の提供をめぐる競争を繰り広げる。「人材をめぐるグローバルな戦争 the global war for talent（グローバルな人材獲得競争とも訳される）」である。

ある文献ではこうした事態を象徴する言葉として、ブリティッシュ・ペトロリアム社のホームページに掲げた次の表現を引用する。

私たちの目的は、グローバルなメリトクラシー（能力主義）をつくりあげることです。そこでは、あらゆるバックグラウンドをもった人びとが歓迎される。若者、年配者、男性、女性、いかなる人種や国籍をも問わず、身体的な能力によらず、宗教、さらには性的嗜好や同一性を問わずに。

(P. Brown, S. Tannock, 2009, Education, meritocracy and the global war for talent, *Journal of Education Policy*, Volume 24, p.380)

人種や国籍、性別といった能力以外の属性は問わない。能力のみが重要な人材獲得の基準だとこのグローバル企業はいう。そして、質の高さをめぐる開かれた人材獲得市場での競争が求人側・求職側の両者で生じれば、優秀な人材＝人的資本の獲得は、労働生産性の上昇、したがって企業の収益につながると考えられている。ここでも好循環が想定されている。

この市場での競争で劣位に置かれることは、ここでも市場での交換における交渉力の弱さに結びつく。負のサイクルに陥るということだ。逆に優位であることで、優秀な雇用者を雇い入れ、労働生産性の上昇に応じて企業の生産性も高まり利益を生む。それが雇用者の処遇（賃金やその他のベネフィット）に反映し、さらなる循環（より良い処遇の提供による市場での交渉力の優位性）が生じる。しかも、こうしたグローバル企業の多くは、内部昇進にこだわらずに、外部から質の高い人材を引きつけ、それに見合う仕事、賃金、処遇を提供する。人的資本市場をめぐるグローバルに開かれた展開である。

閉ざされた市場①　大学入学市場

このようなグローバルに開かれた市場モデルを理念型として背景におくと、日本の人的資本市場の「閉ざされた」特徴がより鮮明になる。ここでも閉ざされた市場の理念型を元に、思考実験を進める。

国境や言語、日本的慣行の壁に守られた人的資本市場は、他の先進国と比べれば相対的にグローバルには閉じてきた。大学入学市場と新卒労働市場への参入者はほとんど日本人に限られる。留学生が増えたと言っても、まだまだ欧米の大学に比べれば桁違いである（先の図1と図2の縦軸の桁数の違いを参照）。グローバルなレベルで優秀な学生を引きつけることにも成功しているとは言えない。しかも、多くの日本の大学では「留学生枠」が設定され、日本人の入学希望者とは別枠で入学者の選別が行われる。そのような枠を設けない（つまりは自国民と同じレベルでの競争を前提とする）「ワールドクラス」の大学との違いである。

さらには、この国内の閉ざされた大学入学市場では、価格競争（授業料の多寡）さえほとんど生じていない（国公立と私立との違い、私立大医学部のような例外はあるが）。グローバルな大学入学市場とはその点でも大きくかけ離れている。ハーバード大学やオックスフォード大学の年間授業料は300万～500万円（ただし為替の変動による）である。競争相手と見なされる大学の授業料を見ながら「価格」が設定されている。それに比べ、日本の私立大学が100万円前後、国公立大学はそのおよそ半分。数倍の違いである（ちなみにオックスフォード大学は私立ではなく国立だ）。国公立大学間、私立大学間の価格競争はほとんど生じない。グローバルな入学者市場から見れば、「お手頃な」価格である。それでもそれが競争力につながるわけではない。教育の質と価格をめぐる（英語圏に有利な、それゆえ不平等な）交換と競争の結果といえる。これに大学の外部資金獲得市場での競争力の違いを考慮に入れれば、さらに桁違いの収入差になり、それが市場における交渉力の差につながる。その結果、日本の大学入学市場の閉鎖性や相対的な劣位は変更が難しいものとなる。注意してほしいのは、このような市場の閉鎖性がすでにコロナ禍以前に形成され維持されてきたことである。

閉ざされた市場②　就職市場

しかも、この閉じた入学市場では、いわゆる受験「競争」がどれほど激しくても、入試での成功と交換されるのは、質の高い教育とは限らない。国内でのみ通用する大学の威信や地位（ステータス）といったシンボリックな財（象徴財）が主な交換財だ。偏差値の高い大学が、イコール教育の質の高い大学とは言えないことが、その何よりの証拠である。しかも日本の大学の威信は、国境を越えればほとんどグローバルな交渉力を持たない。日本の偏差値トップ大学のグローバルランキングにそれが表れている。ランキングを決める基準自体が、英語圏の大学に有利にできていることも、市場での交渉力の劣位のひとつの指標である。

しかも、受験市場で競われるのは、いかに入学試験で高得点を取れるかに限定される。そこで発揮され測定され順位づけられる能力やスキルの中身も、閉じた市場の中でのみ価値を持つものに留まる。たとえば、グローバルに通用するインターナショナルバカロレア（I

B）で問われる能力やスキルとの違いを考えてみればよい。日本の大学入試で問われる知識や能力は、内容の点でも言語の点でも、グローバル市場では交換される価値をほとんど持たない。一度それをグローバルな指標（たとえばＩＢ）に転換しない限りは。

大学入学市場で獲得できるこの象徴財（大学の知名度や威信）は、たしかに日本での卒業後の就職市場では有利に働くだろう。だから受験競争も生じるのだが、この象徴財はグローバルな労働市場では通用しない。しかも、日本の就職市場自体も海外にはほとんど閉ざされていると言ってよい。外国人の雇用と言っても、日本に留学した留学生から優れた人材を採用するに留まる。海外から高度人材を引きつけることはできていない。つまり、グローバルな労働市場にまでウィングを広げてはいないということだ（あっても海外に留学した日本人や、日本語のできる日本学の卒業生に限られる）。

閉ざされた市場③　転職市場・昇進市場

しかも日本の新卒就職市場は、初任給に大きな違いを持たない。むしろ、将来の安定性と入社後の昇進＝地位をめぐる（男性に優位な）競争への参入権を獲得する競争と交換の場と見たほうがよい。キャリアの早い段階から新入社員に能力発揮の機会を提供することを交換財とするわけでもない。開かれた市場のような、キャリアアップの一環として転職を前提とする市場ではないからだ。

こうした「閉ざされた」市場での競争と交換の結果は、開かれた市場の理念型が示すような人的資本の価値を高める循環を生みにくい。その理由は、第一に、市場への参入が閉ざされていることにある。参入者が日本語のできるほぼ同世代の若者に限られているということだ。第二に、その副産物として、市場での交換の対象が大学や企業の「格」といった象徴財になるからでもある。経済的報酬も付随するが、非正規雇用との大きな格差を除き、その差は大きくない（ただし企業規模やジェンダーによる差は存在する）。そして、この「格」という象徴材も国内で通用する価値に留まる。

新卒就職市場で勝ち抜き「正社員」になった後の内部労働市場では、競争と交換の対価は地位をめぐる昇進の機会となる。それにともなう能力発揮の機会の獲得も、年数をかけて行われ、その間、組織への忠誠や同調が求められる。外部からの参入者が競争を脅かすことも、大きな報酬格差が生じることもほとんどない。時間をかけた内部昇進が成功者のメインキャリアとなるということだ。

ここまで挙げた三つの市場は、いずれも年齢主義の影響を強く受け、個人にとっての競争相手は「同期」となる。社会学の準拠集団論を適用すれば、比較の対象は閉ざされた市場に参入できる、年齢的にも同質な集団ということだ。つまり国内でも年齢によって閉ざされているということだ。大企業の幹部の多くが同質的な（男性中心の）集団となるのも、このような閉ざされた人的資本市場の結果に他ならない。それは、主要な経済団体の幹部の顔ぶれを見れば明らかである。いずれも内部昇進の結果である。

これらは同質性を高める選抜が行われた結果だが、こうした市場では異質性は排除され、同質的な集団内での「差異」が問われることとなる。同質的な集団内部での差異だけに、それは微小で微妙なものになる。突出した差異は、「異質」として排除されかねない。

しかも授業料・奨学金、賃金・報酬をめぐる価格競争が生じる市場とは異なり、この市場での交換レートは準拠集団内部での相対的なポジションで決まる。主な対価は人びとの満足感・優越意識となる（ただし、経済面では非正規雇用との間には大きな断絶があり、企業規模による格差も存在する）。給与や賞与といった経済的な報酬の違いさえ、象徴財に変換される程度の差に留まる。[2]しかもこの象徴財は貨幣のような連続量ではなく、与えられた枠（入学者定員、新規採用枠）に入れるか否かで相対的なポジションが決まる「カテゴリー」だ。企業の業績に即応して増えるものではない。

こうした仕組みは日本人には馴染んでいても、海外からの「高度人材」には通用しにくい。そのことが、優れた海外の人材を引きつけることに失敗する一因にもなっている。その結果、市場の閉鎖性・同質性がいっそう強まることとなる。

失われた日本の優位性

すでに述べたように、閉じた市場における競争と交換は、開かれた市場モデルのような質を高める循環とはなりにくい。人的資本の「質」と相関する賃金や能力発揮の機会のような絶対的な価値の増大・獲得競争にも向かわない。そこに向かうには、リスク覚悟でこのメインルートからスピンアウトするしかない。起業や、芸術・芸能・スポーツといった「プロ」の世界だ。突出した差異が問われる競争の世界である。

かつて戦後の高度成長時代には、このような閉じた市場での競争が功を奏したと言ってよいだろう。1ドル360円という円安もあり、当時の先進国との国際比較で見ればはるかに低賃金（低い労働コスト）で、質の高い工業製品を生産することによって、製品自体のグローバル市場における競争力が優位なポジションを占めることができたからだ。比較的教育レベルの高い国民（とりわけ若者）を、その人的資本に比して国際比較的に低い賃金で雇用できたことも、その時代の有利さにつながったのだろう。国内での人的資本をめぐる閉じた競争も、製造業における生産性を高めることに貢献した。グローバルな競争が、工業製品を通じて行われていた時代の恩恵である。日本の相対的優位性が、国境内部の人的資本の高さによって得られた工業化の時代である。いや、その閉じた市場の中で発達した、「日本的経営」が日本の競争力の源となったと主張する論者もいる[3]。就職市場も企業内部の昇進市場も、そこで指摘された特徴に重なる。おそらく1980年代までの「戦後経済」の姿でもある。

しかし、日本の優位性はさまざまな要因によって喪失していった。それを論じるのはこの章の目的を超えるが、しばしば指摘されるのは、グローバル化のさらなる展開、アジア諸国のキャッチアップ、製造業から第三次産業中心の産業構造の変化や、日本の「成熟社会」化、技術革新力の枯渇、バブル経済破綻後のデフレマインドの蔓延等々である。その原因の特定はここではできないが、少なくとも、それ以前に通用していた工業製品を通じたグローバル市場での日本の優位性が損なわれるにつれ、人的資本のグローバルな市場から日本が遠ざかっていたことが、今度はマイナスの方向に働くようになったのだろう。そして、その閉鎖性がますます目立つようになった。

内需型ゆえの快適さと限界

教育のグローバル化や人材採用のグローバル化が何度も政策課題に挙がっても、それが遅々として進まない。その一因は、閉ざされた市場の中でも充足できるだけの過去からの富の蓄積が、残されていたからだろう。外貨を獲得する上での製造業の国際競争力は徐々に弱まってきたとはいえ、まだなんとか持ちこたえている。しかも、内需主導型の日本経済は、グローバルな競争にはさらされにくい、主として国内に閉じた第三次産業が国内総生産（GDP）の主要な部分を占める。実際にその割合は70％を超え、製造業の20％台前半をはるかに上回る。

拙著でも述べたように、とりわけ日本国内のサービス業や販売業は、他の先進国以上に行き届いたサービスを消費者が受け取ることを当たり前のこととしている（苅谷剛彦『オックスフォードからの警鐘』中公新書ラクレ、2017年、11章を参照）。受け取り日時の指定ができ、冷凍品や冷蔵品まで区別できる宅配サービスなど、いつ来るかわからない配達を一日中待たねばならない国と比べると、かゆいところに手が届くサービスである。ファストフード店も日本で開発されたメニューやサービスは良質できめ細かい。接客の対応も商品の価格以上だ。医療福祉分野でもケアへの心配りが行き届く。買い物以外の多様なサービスを24時間

365日受けられるコンビニなど、イギリス在住の筆者には夢のまた夢である。

あえて裏返して言えば、どれもそれなしで十分生活が送れる。その意味で他の先進国にはない、価格（≒サービス提供者の賃金）に比して「過剰な」サービスだとさえ言うことができる。きめ細かい、なおかつ報酬に反映しにくい過剰なサービス労働の上に、日本人の便利で快適な生活が成り立っている。日本の消費者はそれを当たり前と思い、国際水準以上に行き届いたサービスを低価格で要求する。自ら消費者である働く側も、当然のようにそれを受け入れる。これもグローバルな競争にさらされない内需型産業ゆえに許される仕組みと言える。

つまり、国際水準で見た労働者の生産性の低さが目立っても、閉ざされた市場の（つまりは内部の）目線で見れば、そこには早急に変えなければならないほどの緊急性が存在しないということになる。市場での競争も交換も、国内での閉ざされた市場で行われる限り、移民によって職が奪われたり、海外からの輸入攻勢によって商品市場が奪われたりすることも（今のところは）ない。海外に依存する部分（エネルギーや食料）があっても、輸出産業の製造業がなんとか外貨を稼ぐ力を維持できる限り、一般の消費者には海外依存の危うさは見えにくい。そして相対的に「豊かな国」である限り、低賃金で働く途上国からの労働力への依存も、日本人の職業機会を脅かすことにはならない。高度人材には依然として国を閉ざしているに等しい状態が続く。

たとえば、オックスフォード大学の研究者や教員のおよそ4割は「外国人」だ。その分、イギリス人の職が奪われていることになる。東大教授の4割が外国人に置き換わることを想像してみれば、それが5％にも満たない現状がいかに日本人の職を守っているかは容易に想像がつくだろう。

鎖国・開国論議を超えて

あえて言えば、「鎖国」のたとえが通用する、半ば国を閉ざした状態でも充足できているような錯覚に陥りやすいということである。だからこの章で検討したような、閉ざされた人的資本市場の下での競争と交換が一定程度は機能する。国のウチでは、なんとか回っているように見えるのだ。それを当たり前のことのように受け入れ、スローガンの上では「グローバル化」がたびたび叫ばれても、それに真剣に取り組もうとはしない。

いや、今から10年前に鳴り物入りで始まった「スーパーグローバル大学創成支援事業」がほとんど目に見える成果を上げず、そのことの検証も十分に行われなかったように、切羽詰まって人的資本市場をソトに開くという、身にしみた「開国」の切実さを感じることもないのだろう。「鎖国」といった表現が隠喩的に使われることで、おぼろげながらそうした過去の記憶を呼び戻しつつ、揶揄したようにそのような状態を嘆く。それが許されるのも、「都合のよいもの」だけをその時その時の都合に合わせて選び出し受け入れる、「都合のよい」国の開き方・閉じ方が、呼び起こされた「鎖国」の曖昧な記憶によって、漠然と受け入れられるからなのだろう。「鎖国のようだ」、だから「開国」が必要だ、といったフレーズが直喩ではなく隠喩として使われ、厳密な意味が問われることなく広く受け入れられる限り、実質的に必要な〈開国〉政策には及ばない。それが許されるのも、「鎖国のような」状態が、ウチの安寧をもたらしているかのような錯覚を、曖昧な過去の記憶が許すからではないだろうか。

それならば、このままの状態を維持していけばよいではないか、という立場もありうる。あえて人的資本市場をグローバルに開くことはない。「都合のよい」部分だけ摂取すればよいとする考え方だ。グローバルに開くことのリスクを考えれば、これもひとつの選択だろう。そして、コロナ禍での国境管理の強化が、そのことを改めて浮かび上がらせた。〈開国〉は必要ないばかりか、ウチの安寧を脅かす——そのような問題構成を許すのが、メタファーとして働く〈鎖国の記憶〉である。(4)

私も、日本にとって分の悪いグローバル人材市場に一挙に向かうのは得策ではない、と思っている。それでも、ジェンダーや年齢、国籍を含め、異質性を高める人的資本市場の多様化を図ることにはそれ以上の意味があると考えてもいる。人的資本市場における多様性や異質性の確保が、新しいアイデアやイノベーションを生み出すといった、経済成長に志向した考えからだけではない。それに加えて、文化の混交を進めていくことが、多様な考え方や生き方を生み出す豊かな源泉になると考えるからだ。異質性を嫌い、自国内の安心と一部の人びとの安定を優先する「鎖国のような状態」を自明のこととし、それにとらわれていてはなしえない課題である。

「和魂漢才」や「和魂洋才」といった言葉を生み、「鎖国」を含め、自分たちの歴史や文化を理解してきた、日本に蓄積された「知識の在庫」をどう生かしていくか。日本語で積み上げてきたその知識のストックには、当然、異文化の混交が生み出した知識が（日本語に置き換えられて）多く含まれる。したがって、あえて言えば、この問いは、国境をまたぐ「都合のよい」部分をどのように捉え直していくかという問題とも結びついている。コロナ禍での疑似「鎖国」経験は、このような知識の在庫に新たな知識を付け加えた。そこから私たちが何を学んでいくか。「鎖国」という言葉も含め、私たちの認識を枠づける知識に、自覚的な視線を向けていくことが重要である。[5]

〈注〉

（1）たとえば、Jonathan Hearn;“Reframing the History of the Competition Concept: Neoliberalism, Meritocracy, Modernity”, *Journal of historical sociology*. (2021; 34: 375–392) は、競争（competition）概念の歴史的変遷を調べ、フーコーの主張とは異なり、ネオリベラルの登場以前に「競争」と「メリット」の結合についての理解は社会に広まっていたと指摘する。

（2）労働経済学者の尾高煌之助は、「日本的」労使関係の特徴のひとつとして、「企業への貢献に対して、報酬そのものよりも威信（prestige）の配分で報い、それによって勤労意欲をかきたてようとする社内競争と昇進の制度」を挙げている（尾高煌之助「『日本的』労使関係」、岡崎哲二・奥野正寛編『現代日本経済システムの源流』日本経済新聞社、１９９３年、１４７頁）。

（3）たとえば、Ｊ・Ｃ・アベグレン『日本の経営から何を学ぶか』（占部都美・森義昭監訳、ダイヤモンド社、１９７４年）、エズラ・ヴォーゲル『ジャパン・アズ・ナンバーワン』（広中和歌子・木本彰子訳、ＴＢＳブリタニカ、１９７９年）など。

（4）「鎖国」のメタファーによってあぶり出されるものは本章の議論の通りである。他方、このメタファーによって隠されているのは、21世紀のグローバル化した現代において、物流や情報の流入を含め、国境を完全に閉ざすことは実際には不可能であるということ、さらには、ウチとソトとのコントラストを強調しすぎることで、ウチの同質性ばかりに目がいき、日本社会内部の多様性という実態を見失うということなどである。

（5）もちろん、本章で理念型として論じた「閉ざされた市場」が、労働生産性や実質賃金の長期的な停滞を説明する主要な要因であるという主張はできない。ほかにも多くの重要な要因が複雑に絡み合っているからだ。ただし、経済学の議論ではあまり論じられない論点として論ずべきは、「閉ざされた」言説空間と相関しつつ「閉ざされた」市場の問題点が深刻に受け止められない構造の持続（閉ざされた市場が可能にしてきた日本に独自なルールの継続）の是非ということだろう。

6章 〈アンビバレンス〉とともに生きる道
――「平和」の知識社会学

百年前のパンデミック（通称「スペイン風邪」、正しくは'Spanish influenza'）は、第一次世界大戦の時期とほとんど重なった。それゆえ、戦争に関わった国々は感染状況を隠し、その結果、中立国であったスペインがインフルエンザの「発見国」としてその名をこのパンデミックに冠することとなった。全世界で2000万人から4000万人が亡くなったという説がある。日本にも伝播し、推計によれば45万人が亡くなった（速水融『日本を襲ったスペイン・インフルエンザ』藤原書店、2006年）。戦争の惨禍と原因不明の疫病（当時はウイルスの存在さえ知られていなかった）に直面し、人びとがどれほどの不安や危機意識を募らせたか。先の見えない「不確実性」――戦争や疫病はいつ止むか、人びとの生活にどんな変化をもたらた。

すか——を、「近代」という時代がグローバルに体験した20世紀初頭の歴史的大事件であった。

新型コロナウイルス(COVID-19)のパンデミック3年目を迎えた21世紀の世界では、2022年2月24日にロシア軍がウクライナに侵攻し、ロシアによるウクライナへの侵略戦争が始まった。この原稿を書いている5月中旬の時点では、戦争は容易に収まりそうにない。一部には、戦況次第でロシアが戦略核兵器や化学兵器を使用するのではないかとの懸念すらあった。

新型コロナウイルスによるパンデミックが収まりきらない渦中で、いつまで続くか、どこまで拡大するかがわからない戦争。コロナ禍も戦争も、早期に終結してほしい。そう願いつつも、その傷跡は、今後も私たちに大きな影響を残すだろう。とりわけ、本書で論じてきた日本という社会や日本人が蓄積してきた「知識の在庫」という視点から見ても、この二つの世界史的な出来事の同時経験は、私たちの認識枠組みに何らかの影響を及ぼすに違いない。と同時に、これまでの知識の在庫から召喚された認識枠組みによって、私たちはこの二つの危機を認識し、理解し、行動の基準となる判断を行ってもいる。そして、そこから日本社会のいくつかの特徴を取り出すことができる。

1 曖昧化する「危機」「リスク」

主観性に訴える施策

コロナ禍とロシアの侵略戦争が惹起した日本社会へのインパクトのひとつは、「危機」や「リスク」にいかに対応するかという問題だと言える。一方はウイルスの変異、他方は専制政治による人為という違いはあれ、両者が予測のつかない、不確実・不確定な未来を予感させたことは間違いない。そして、それらにいかに対応・対処すべきかをめぐって、私たちの世界観や社会認識、それらを枠づけている「知識」のあり様が試された。

しかし、見通しのきかない危機やリスクへの日本社会の対応について、それをめぐる意識は一枚岩ではなかった。コロナウイルスの感染対策については、できるだけそのリスクを最小にすることがめざされ、その一端は、1～3章で見た「鎖国」に見まがう水際対策を日本社会が受け入れたことに示された。他の先進国に比べれば感染者数やコロナによる死亡者数が人口比で見ても桁違いに少なかったにもかかわらず、ゼロコロナとまではいかなくても、他国に比べより慎重な対応が求められ、社会もそれを容認した。岸田政権がとった「水際対策」が受け入れられたことは、コロナ対策への支持の高さ（2022年5月の『読売新聞』世論調査では62％が支持）によっても示された。ロックダウンのような法的裏づけの必要な強硬策はとられなかったものの、リスクをできるだけ最小化する対策に社会的な合意が得られたと見てよいだろう。多くの人びとがその対策に従った。私がコロナ禍での最初の2年間を過ごしたイギリスが、感染者数が人口比で日本よりはるかに多い段階であったにもかかわらず、ウィズコロナ（一切の規制撤廃）にいち早く舵を切ったこととは対照的な対応であった。2022年5月現在でも一日の海外からの入国者数は1万人に抑えられている。同年6月には2万人に増やすと政府は言うが、入国制限を一切取り払ったイギリスとは依然大きな違いである。

もちろん、「緊急事態宣言」や「まん延防止等重点措置」が発令されるたびに、それに反対する意見も、専門家の間でさえ見られた。生ぬるすぎるという批判も、厳しすぎるという批判もともにあった。それでもおしなべて見れば、こうした社会の対応と、それをほぼ反映した国や地方のコロナ対策は、危機やリスクに対し「安心」を求める人びとへの応答であったと見てよい。不確実性の中で、客観的な「安全」を目に見えるようには示せない。その曖昧さを残したまま、主観的な安心（感）を与えることが、リスク対応・危機管理となっていた。それは、1~3章で見たように、厳密な科学性や合理性に基づく対策というよりも、安心を担保するよう人びとの意識や主観性に働きかけるものだった。パンデミック当初、あるいは東京オリンピック・パラリンピックの開催に向けて、政府が盛んに「安心・安全」を強調した姿にそれが表れていた（東京オリンピックについて「感染対策を徹底し、安心・安全な大会の実現に取り組む」等々）。

安心と安全

しばしば指摘されるように、「安全」は、安全性や安全基準に照らして「客観的」に判断できる、とされる。2004年に公開された文部科学省「安全・安心な社会の構築に資する科学技術政策に関する懇談会」の報告書によれば、「安全とは、人とその共同体への損傷、ならびに人、組織、公共の所有物に損害がないと客観的に判断されることである。ここでいう所有物には無形のものも含む」（6頁）となる。さらに同報告書では、安全とリスクの関係について、次のように述べる。

世の中で起こりうる全ての出来事を人間が想定することは不可能であり、安全が想定外の出来事により脅かされる可能性は常に残されている。そこで、リスクを社会が受容可能なレベルまで極小化している状態を安全であるとする。同時に、社会とのコミュニケーションを継続的に行う努力をすることにより、情勢に応じて変動しうる社会のリスク受容レベルに対応する必要がある。

（「安全・安心な社会の構築に資する科学技術政策に関する懇談会」報告書、2004年4月、安全・安心な社会の構築に資する科学技術政策に関する懇談会、文部科学省、7頁）

「客観的」に判断できるものとしつつ、安全は、「リスクを社会が受容可能なレベルまで極小化している状態」のことであり、その受容の程度によって変化するとの見方である。

他方、同報告書は、「安心については、個人の主観的な判断に大きく依存するものである。当懇談会では安心について、人が知識・経験を通じて予測している状況と大きく異なる状況にならないと信じていること、自分が予想していないことは起きないと信じ何かあったとしても受容できると信じていること、といった見方が挙げられた」（7頁）と、個人の主観性に依存するものと見ている。

安心は個人の主観性に依存し、その集合体と見なせる「想像の共同体」としての国や社会の意識（≒「世論」あるいは「民意」）がリスクを受容するレベルに影響する。とすれば、危機やリスクへの対応から主観性は取り除けないことがわかる。道路や橋梁、公共の交通機関、建物などの「安全性」については、それぞれに安全基準の科学技術的妥当性と、それが守られていることを前提に、それらへの信頼が安心を生む。それが「日常」の安心を支える（安心して、あるいは無自覚に、電車や車に乗り、建物に入り、薬や食品を口にする等々）。ところが、それが人命に関わる未知の感染症への対策となると、不確実性が増す「非日常」となる。それだけに、安全性や安全基準を厳密に示すことは困難になる。もちろん、時間の経過≒経験の蓄積とともに、経験を通した「知識」が得られ、非日常が日常化していくことも私たちは体験した。

先の報告書も触れているように、当然ながら一定程度の安全を確保するためにはコストがかかる。そこには人びとの行動の自由の制約というコストも含まれる。そしてここにも、それぞれの社会が当該の危機やリスクをどのように認識し、理解し、解釈し、そうしたコストの受容レベルを決めるか、それに関わる「主観」が介在する。科学的な合理性に加え、社会的な合理性や非合理性（≒感情）が危機やリスクへの対応において重要な役割を果たしているといってよい。危機やリスクを見積もる際の曖昧さや科学性の限界に加えて、社会が危機やリスクへの対応を許容する際の曖昧さの程度問題（どのような曖昧さをどの程度許容するか）がここにある。そして、そのような社会の側の合理・非合理に関わってくるのが、私たちの過去の経験が蓄積してきた「知識」であり、時々に「在庫」から呼び出された知識が構築する問題構成の枠組みというテーマである。

危機やリスクへの対応、安心・安全をめぐる私たちの認識枠組みは、本書が「鎖国」というメタファーを通じて理解しようとしてきた私たちの「知識の在庫」とどのように関わっているのか。それにまつわる曖昧さは、どのように生じ、どのように受け入れられているのか。本書の大部分は新型コロナウイルスのパンデミックがもたらした危機・リスクを対象とした私たちの対応・反応の特徴や、それらを生み出す私たちの認識枠組みの問題を論じてきた。それに対し、以下では、ロシアによるウクライナへの侵略戦争が惹起した、平和（戦争）をめぐる危機やリスクへの日本社会の受けとめ方を中心に検討していく。

2 「平和ボケ」の研究

保守系メディアでの使われ方

ウクライナでの戦争が始まると、日本を含む東アジアでの緊張が高まる可能性が指摘され、来るべき危機やリスクに日本も真剣に対応すべきだといった言説がメディアを飛び交った。その際に使われた表現に「平和ボケ（ぼけ）」がある。

ここでこの言葉に注目をして「知識の在庫」を掘り下げるのは、それが「平和」や軍事的な脅威、安全保障をめぐる問題に関して頻繁に使われてきたからだけではない。この語が喚起するイメージを見ていくと、そこに戦後の日本社会が抱えてきた「平和」に関するアンビバレンス（対立や葛藤を含む価値の両義性）を取り出すことができると考えるからである。言い換えれば、この語は、直接・間接に、前述の安心・安全や危機・リスクに関する日本人の意識＝主観性を表象する言説のひとつとして捉えることができるということだ。

過去の言説を少し調べるだけでも、「平和ボケ」がいわゆる保守派が左派・リベラルを批判する際に用いるだけでなく、それとは逆に、左派・リベラルの側が軍拡に急ぐ保守派を批判する際にも使われていることがわかる（この点は後で見る）。そして、右派、左派を問わずに使われることで示唆されるように、この世俗化された言葉は、一見対立した複数の価値を包含している。この「平和ボケ」が表象する私たちの認識を掘り下げていくことで、日本社会の危機やリスクの受けとめ方を枠づけている「知識」を取り出すことができると考えるのだ。

この語の定義(1)のようなものとして、保守系の論壇誌『正論』２０２１年7月号の「大特集日本滅ぼす平和ボケ」に収録された、あるブロガーの次の文章を最初に見ておこう。

日本国民は「平和ボケ」しているとよく言われます。平和ボケとは、置かれている環境にリスク要因が少ないために、危機意識が欠如してしまった状態のことです。日本国民は、戦後の経済成長で裕福になり、平和を享受してきました。この国内経済リスクおよび国際政治リスクの低さによって、日本の死亡リスクは世界一低くなり、世界一の長寿国となっています。

（藤原かずえ「危機から目を逸らすメディアの大罪」98頁）

平和ボケの当事者になりやすいのは受動型メディアを情報取得のメインツールとする情報受信者であり、いわゆる「情報弱者」と呼ばれる、テレビのワイドショー、情報バラエティ、ニュースショーだけから情報を得る人がその典型と言えます。日本のテレビは、日本国民の平和ボケに強くかかわっているキープレイヤーなのです。

（同99頁）

戦争という自分の人生において最大の危機が訪れても自分で判断ができないという状況こそ極めて深刻な平和ボケです。（同105頁）

ここに示されているように、平和ボケとは「危機意識」の欠如状態のことである。そしてそれを生み出す背景として、「日本国民は、戦後の経済成長で裕福になり、平和を享受してきました。この国内経済リスクおよび国際政治リスクの低さ」が挙げられる。さらに、論考の主題となるメディアの影響については、ワイドショーなどテレビから情報を得る人びと（＝「情報弱者」）が「平和ボケ」になりやすいとの診断も下されている。メディアの影響を受けた危機意識の欠如、すなわち、「最大の危機が訪れても自分で判断ができないという状況こそ極めて深刻な平和ボケ」につながるといった論調である。

「ボケ」がメタファー（隠喩）として示唆する「にぶくなった」状態からの「覚醒」を促すことが、このような言説の役割となる。つまり、平和ボケという語が指示する対象は、覚醒されるべき意識ということであり、この語が喚起するのは、国際情勢や安全保障に関して覚醒されていない社会の意識（の漠然としたイメージ）だ、という問題構成である。そして、そこには、時として「にぶくなった」状態の回復が困難であることも暗示されることで、冷静な議論の相手として相手にされないことを言外に含んだ揶揄であり批判となる。

国会発言を遡る

2004年2月24日付『朝日新聞』朝刊の記事、「9条特集：日本人の内なる問いかけ」によれば、「80年、『平和ぼけ』という言葉が国会会議録に初めて登場した。『特に戦後、自国の安全と防衛を米国に依存をして、いわば平和ぼけになってふやけ切っておる』。発言の主は自民党参院議員。以降、平和ぼけという言葉は、護憲派を非難する常套句となる」とある。皮肉を超えて「護憲派を非難する常套句」として使われること、国会会議録での初出が1980年の自民党参議院議員の発言であったことが指摘される。

その国会（安全保障及び沖縄・北方問題に関する特別委員会、10月24日）での最初の「平和ぼけ」発言を引用しよう（以下の引用は国会会議録検索システムによる）。

ソ連の最近の日本周辺をめぐる軍事力の増強に基づきまして、その脅威の増大が国民の間でも大きな関心事となっておることは御承知のとおりでありますが、これに関連しまして、脅威脅威と余り験(ママ)（おそらく「騒」）ぎ立てることはかえってソ連の術中に陥るものだ、こういったような論がときどき見受けられるわけであります。また、従来政府の要人の中でこのような発言もした人がおるというふうに記憶をしております。恐らく国民にいたずらに不安を与えてはいけないんだと、下手をすると、かえって敗戦思想、抵抗意思の喪失を助長することになりかねない、こういったような配慮に加えて、ソ連を刺激したくないという思惑が絡んでおるんだろうと思うわけであります。(中略)

しかし、その増強や脅威の実態というものを正しくしかも時宜に適して国民に知らせる、これは政府としては国民に対する当然の義務じゃないかと私は思います。特に戦後、自国の安全と防衛を米国に依存をして、いわば平和ぼけになってふやけ切っておる、これがまあ現在の日本の実態じゃないかと思いますが、こういう実態下に真の愛国心、国を守る気概というものを覚せいさせるためには、日本の置かれておる厳しい情勢というものを正しく国民に理解させることからまず始めなきゃならない、私はそう思うわけでございます。(中略)

で、防衛庁はひとつ特に毅然たる態度で今後もソ連の軍事力の実態というものをできるだけ詳細に、かつ、機会を求めて活発に国民に知らしめるということが日本の防衛をまともにする第一歩であるという考え方に立って今後もやっていただかなきゃならないというふうに思うわけでございますが、いかがでございますか。

冷戦時代の（旧）ソ連の軍事力増強をめぐって、「その増強や脅威の実態」「日本の置かれておる厳しい情勢」を正しく理解していない事態が、「自国の安全と防衛を米国に依存」してきたことによって生じた。そのような意識を「平和ぼけ」と呼び、そうした「ふやけ切って」いる国民の意識を覚醒しなければならない、そのために防衛庁（当時）がソ連の軍事力の実態を国民に知らせなければならないと主張する。実態や脅威の「正しい認識」をめぐって、それを妨げる要因として平和ボケ言説が使われている。注意すべきは、ここでの発言は必ずしも護憲派リベラルへの非難ではない点だ。「政府要人」も平和ボケに含まれる。

国会で「平和ボケ」が頻繁に登場するようになるのは1990年代初頭の湾岸戦争（90年8月に始まったイラクによるクウェートへの侵攻）後の「国連平和協力特別委員会」での議論である。衆議院の国際連合平和協力に関する特別委員会公聴会（90年11月1日）で、国連のPKO（国連平和維持活動）への日本の貢献のあり方をめぐり、

日本の国民がこういう国際的なオペレーションに参加する、そのときにいろいろ犠牲

を伴う、私も先ほどの冒頭の発言で申し上げましたけれども、巻き込まれという事態は必ずあり得るわけでございます。そういう点についての国民意識の成熟というものが本当にあるだろうか。その点について全く見切り発車で、国会の審議という形だけである特定の法案をつくって、それを国民に押しつけるという形で本当に問題解決するのだろうか。

と述べた公述人の浅井基文日本大学法学部教授（当時）の発言に対し、自民党の国防族・山崎拓議員（当時）が次の発言をする。

まさに国民世論のこの法案審議を通じましての反応を見ておりますと、特に御婦人方の反応を見ておりますと、ただいまの浅井公述人の御意見のラインのものが多いと感ずるのですね。つまり、平和というのは実は空気や水のようなものではないので、これはただではないのですね。これはお認めになると思うのです。そこで、コストは払わなくてはならぬ。コストを払う必要はない、そんなものはもう自然に手に入るものであるから、わざわざただいま御指摘のような危険を冒してまでも平和を守り平和を維持し、あるいは国際社会の中で我々の平和があるんだというもっと広い概念も含めまして、そういう考え方が今の国民の中に失われてしまっているのではないかと私は考えます。私どもは平和ぼけと呼んでおりますが、それを浅井公述人はどのように考えておられるか。

そうすると、我々は国民のそういう考え方の成熟を待つまで国際的貢献は何らすることはない、必要がないとおっしゃっているのか、できないとおっしゃっているのかわかりませんが、国際貢献はできないという意味にとれますが、その点いかがですか。

「危険を冒してまでも平和を守り平和を維持し、あるいは国際社会の中で我々の平和があるんだというもっと広い概念も含め」、そういう意識が「今の国民の中に失われてしまっている」ことを指して、「平和ぼけと呼んで」いる。先に見た危機意識の欠如に留まらず、湾岸戦争後に日本は「金だけ出して人を出さない」と国際的な批判を受けたことに対応し、後のPKO法案（92年6月に国会で可決、成立）へとつながる議論の端緒で、コストをかけず平和を「空気や水のようなもの」と考えている国民（山崎議員はそれを「特に御婦人方」という）の意識を「平和ぼけ」と名指しし、批判している。

さらに、91年3月4日の参議院予算委員会では、湾岸戦争への日本の対応の問題について、自民党の宮澤弘議員（自治事務次官、広島県知事などを歴任して自民党参議院議員。宮澤喜一元総理の実弟）が次のように述べる。

戦後四十五年たちました。幸い我が国は平和でございまして、国民すべて平和を謳歌し、平和になれ親しんでまいりました。マスコミの一部では平和ぼけというような言葉も使われますけれども、そういうような状況でございまして、したがって率直に申しまして、政府もこういうような危機管理体制について本格的にいろいろ考え、対策を講ずるというような姿勢（が？・引用者注）必ずしも十分でなかったと思います。あるいはまた、私ども国会もそういう本格的な議論は今までなされなかったと思うのであります。もし今回のような湾岸危機がなければ、恐らく私どもはこういうような議論をこの国会の場でもなされなかったのじゃないか、そういうことを先送りをしたのではないかと思いますし、あるいはこれ以前に、もしそういう議論を徹底してやっておりますれば、今回の対応策もいわばもっと適切に対応できたのではないか、私はこういうふうに考えております。

先の山崎議員の見解とは異なり、国民のみならず、自民党員も含めた国会での議論の欠如が、「マスコミの一部では平和ぼけというような言葉も使われますけれども、そういうような状況」によって生み出されてきたこと、それゆえ「政府もこういうような危機管理体制について本格的にいろいろ考え、対策を講ずるというような姿勢（が？・引用者注）必ずしも十分でなかった」ことが指摘されている。平和な状態が長く続いたことで、国民も国会も、「危機管理体制」について本格的な議論を避けてきたという見方である。

ＰＫＯ法成立後の93年11月11日の衆議院安全保障委員会では、自衛隊最初のＰＫＯ派遣（カンボジア）を受け、自民党の中西啓介防衛庁長官（当時）の次の発言がある。

本当に日本というのは、文字どおり直接的にも間接的にも戦争に関係のしていない、世界でも本当に数少ない国なんだろうと思います。というのは、人も出していない、武器も、つくってはおりますが、外国に一切売っていない。原子爆弾も持っていない。そういう意味では確かにいいことなんでありましょうけれども、それがために、ヨーロッパのような地続きということで国々があちこちに存在しているという環境でもありません、四海が海でございますから。そういう意味で、若干何といいますか、国の防衛というような、安全保障というような、あるいは危機管理というような範疇に関しては、私は、やはり他の国々と比較すると、ややもすればそれに対する関心というものは希薄になっているのかなと、一般的には平和ぼけなんという言葉で言われているような現象は大いにあり得るのかなと、それはそんなふうに感じております。

「直接的にも間接的にも戦争に関係のしていない、世界でも本当に数少ない国」として、日本（人）が国の防衛、安全保障、危機管理に関して「他の国々と比較すると、ややもすればそれに対する関心というものは希薄になっている」状態が、「一般的には平和ぼけ」と言われていると見ている。「四海が海」、「地続き」ではない日本という「島国」のイメージがここでの平和ボケ発言の背景となっている点も興味深い。

平和ボケ発言の歴史的変遷

国会会議録検索システムを用いた2022年5月15日時点での私の調査によれば、先に引用した1980年10月24日の最初の発言以来、109件の「平和ボケ（ぼけ）」という発言があった。これを年代別にグラフにしたのが、図6である。

図6　国会会議録に出てくる「平和ボケ（ぼけ）」発言の頻度

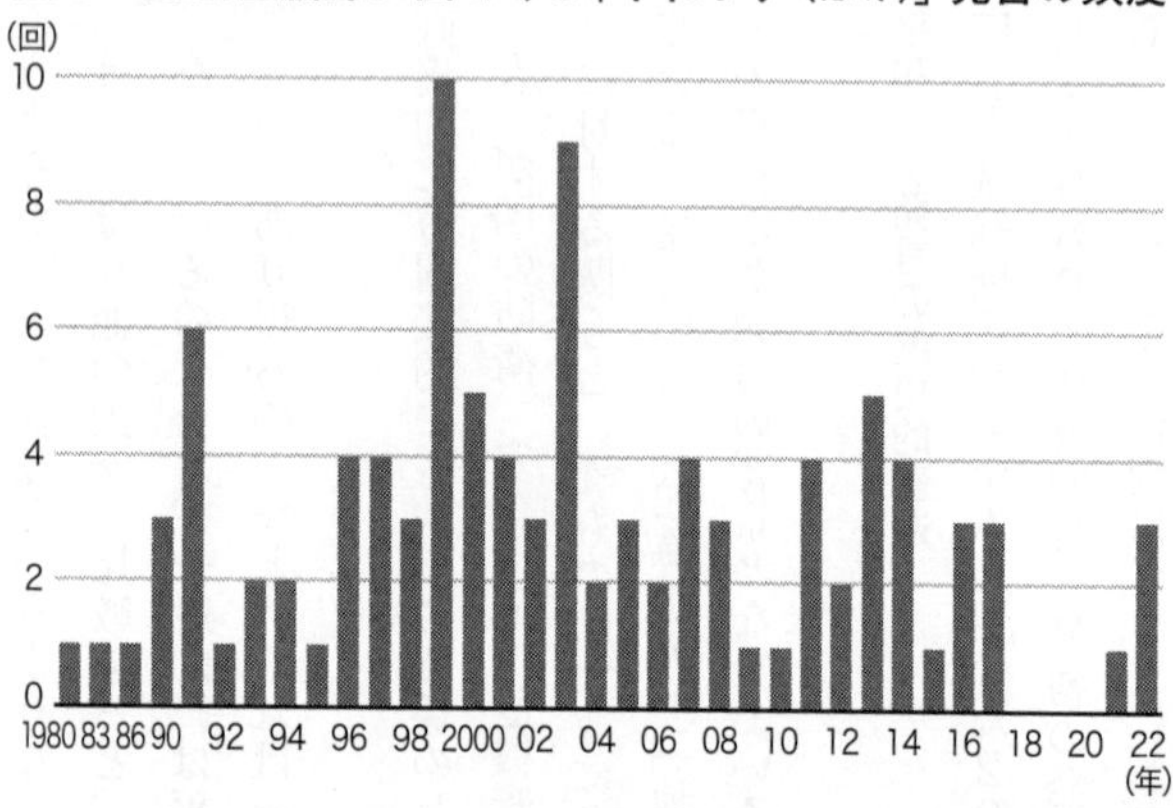

湾岸戦争のあった91年に続き、99年と03年に二つの大きな山がある。99年は国会で周辺事態法案が審議されていた年にあたる。03年は有事関連法案の審議である。安全保障や憲法解釈をめぐって重要な変更が行われた時期に、日本社会の危機意識の欠如を問題化する際にこの言葉が用いられた。

ただし、この語が厳密に使われていたわけではないことは、先の引用からもわかる。また、批判や非難の対象が誰に向けられるかについても、常に護憲派やリベラル・左派に向けられていたわけでもない。興味深いのは、いくつかの発言に見られたように「いわば」とか「一般的に」とか「マスコミの一部」が使う表現として、この語に言及する場合が少なくないことである。つまり、意味に厳密さをともなわない、世俗化された用語として、それゆえに曖味さを含んだ「危機意識」の欠如や弛緩した状態を指すゆるい表現として「平和ボケ」は、一定のイメージ喚起力・批判力を持っていたと見ることができる。

先のグラフでもうひとつ興味深い点を指摘しよう。14年に政府はそれまでの閣議決定を変更して、自衛隊に集団的自衛権の一部行使を認める「解釈改憲」を行った。その前後の国会での「平和ボケ」発言の頻度を見ると、必ずしも目立った増加は見られない。PKO法、周辺事態法、有事関連法といったいくつかの段階を踏んで「解釈改憲」を行ってきた経緯が、おそらく「平和ボケ」という言葉で危機意識の欠如を指摘しなくても、より一段階進んだ集団的自衛権行使という「解釈改憲」を可能にする地ならしをしてきたのかもしれない。

また、過去に遡って見ると、60〜70年代、日本社会党を中心に、進歩的知識人を含めて主張された「非武装中立論」は、国会での社会党の議席が3分の1を占めるなど、国民からも一定の支持を得ていた。しかしこの時期には、少なくとも国会において「平和ボケ」の表現は使われていない。また朝日新聞社の縮刷版のデータベース（1879〜1999年）とデジタル版データベース（1985年〜）を使って調べてみても、89年2月24日付朝刊（大阪）「『天皇そして昭和』について　2人のMさんから手紙」の記事までは、平和ボケ（ぼけ）の語は登場しなかった。[2]

ここからわかるのは、この語があるイメージを喚起する力を得るには時間（歴史）が必要だったということである。戦争を直接経験していた人たちがまだ多く存命し、かつ社会の第一線にいた時代には、「非武装中立論」のような徹底した「平和主義」は、少なくとも国会での議論では「平和ボケ」と皮肉を込めて揶揄する対象にはならなかったのである。先に見た国会での発言でも、戦後平和な状態が続いていたこと（「戦後四十五年たちました」）を前提として、そのような長期にわたる「平和な状態」が「平和ボケ」を生んだ、という認識が示されていた。戦争を実際に体験した世代が現役を退くに従って、この語が使われるようになったという見方もできるだろう。あるいは、実際に戦争を経験しないで済んだ時間が長く続いたという、それ自体否定できない事実を背景におくことで、平和に関する意識の否定的な側面が知識として構築された、という見方もできる。それを表象するのが、「平和ボケ」であった。

タカ派への批判言説としての「平和ボケ」

一般の印象として、また先に引用した『朝日新聞』の記事にもあったように、「平和ボケ」は主に、「護憲派を非難する常套句」と見なされることが少なくない。もちろん、すでに国会での発言の一部を分析してわかったように、この語の批判や揶揄の対象は、「国会」や「政府」といったように拡大して用いられることもある。曖昧さゆえの拡張である。

しかし、前述したように、少し調べてみると、軍拡や集団的自衛権の行使に急いだ「タカ派」を批判する言説としても「平和ボケ」は使われていた。たとえば、軍事ジャーナリストの田岡俊次は、『朝日新聞』のインタビューに対し、次の発言をしている。

> 中国が尖閣諸島の領有権を主張しながらも「棚上げでいい」と言うのは、日本の実効支配を認めるに等しい。互恵関係回復に妥当な落としどころだ。首相は中国包囲網をつくろうとしているようだが、米国、韓国、豪州は加わらず、成功しないだろう。安全保障の要諦は敵を減らすことだ。敵になりそうな相手はなんとか中立にすることが大切で、あえて敵を作るのは愚の骨頂だ。タカ派の平和ぼけは本当に危ない。
>
> （聞き手・山下龍一：『朝日新聞』13年9月14日付朝刊）

集団的自衛権への固執や武器輸出の緩和といった政策を進めていた安倍晋三政権に対し、「敵になりそうな相手はなんとか中立にすることが大切で、あえて敵を作るのは愚の骨頂」

と「タカ派の平和ぼけ」を批判した。

また、ほぼ同時期に行われた、法哲学者、井上達夫への『朝日新聞』のインタビューでは、

集団的自衛権行使を容認すれば、日本は米国の軍事戦略に際限なく巻き込まれます。「集団的自衛権は憲法上NO」はそれに対する拒否権カードです。安倍政権が日本の外交力を強化したいなら、なぜこの「貴重」な対米交渉カードを自ら手放そうとするのか。理解不能です。日本は米国にとって必要不可欠かつ代替不能な戦略的拠点を提供しており、さらにこんな愚かな「貢献」をする必要はない。「米国は日本にそんなにひどい要求はしてこないはずだ」と考えているのなら、タカ派の平和ボケと言わざるを得ません。

（13年10月26日付朝刊）

という井上の発言を引用している。ここでも集団的自衛権行使の容認に動く政権に対し、対米交渉のカードを手放すことを「『米国は日本にそんなにひどい要求はしてこないはずだ』と考えているのなら、タカ派の平和ボケと言わざるを得ません」と批判している。

さらに、『朝日新聞』では、武器輸出を禁じてきた政府の方針転換（禁輸の緩和・撤廃）が

議論された際に、旧ユーゴスラビアのコソボ紛争停戦直後に現場で取材した経験を持つ大野博人論説主幹（当時）の記事を載せている。そこでは、未だ緊張が高まっていた停戦時に体験した具体的な戦場の現場を記述した後に、次の文章が続く。

日本の武器輸出三原則を野田前政権は緩和し、安倍政権は撤廃した上で新原則を定めようとしている。

「国際的な共同開発でコスト削減になる」「米国との同盟強化になる」。それに「国際的な平和及び安全の維持を妨げることが明らかな場合は輸出しない」とも。だが、こうした抽象的な議論は、日本が踏み込もうとしている武器やその取引の現場の生々しさを置き去りにしていないか。

腐りきったカネの臭いもしないし、がれきの山となった建物も、血だまりも、銃弾もナイフの刃も、疲れ果てた難民の顔も見えない。

こんな論じ方を形容するとすれば、「平和ボケ」という言葉が一番ぴったりしそうだ。

（14年3月16日付朝刊）

武器輸出禁止の撤廃を図る政府（緩和は民主党の野田政権で、撤廃は第二次安倍政権で）に対し、戦場＝現場の「生々しさを置き去りにし」た「抽象的な議論」を「平和ボケ」と呼んでいる。ここでも戦争のリアルな認識の欠如を問題視する表現として、この語が用いられている。

時期は前後するが、民主党政権下で進んだ周辺事態法制定をめぐる議論について、『朝日新聞』のインタビューに答えた酒井隆史大阪女子大学講師（当時）の発言をこの節の最後に引いておこう。

「いよいよ、本格的な平和ボケの時代が始まった」とみるのは、大阪女子大講師（社会思想史）の酒井隆史氏だ。戦争体験のある自民党保守派の長老政治家が、有事法制などに積極的な民主党も含む若手政治家の「暴走」に、辛うじてブレーキをかけているような奇妙な構図。

「法案化に積極的な若手は、言葉のいかなる意味においても戦争を知らず、ゆえに国家の暴力に対する実感をもたない世代。労働争議や学生運動などの経験もない。戦争のイメージも痛みも具体的にもてない、こちらこそ本当の平和ボケといえる」

（02年5月2日付夕刊）

「戦争を知らず、ゆえに国家の暴力に対する実感をもたない世代」「戦争のイメージも痛みも具体的にもてない」状態を「本当の平和ボケ」と批判する。世代の違い（＝戦争経験の有無）に言及している点も興味深い。なお、ここでは引用しないが、『朝日新聞』の投書欄「声」にも、「戦争準備」を進める政治家を「平和ボケ」として批判する投書がいくつか見られる(3)。

周辺事態法や集団的自衛権の行使、武器禁輸の撤廃といった戦後「平和主義」の枠組みの変更を求める政策導入の過程で、「タカ派の平和ボケ」が問題とされた。保守派が護憲派を批判するのとは逆方向の批判的言説に見えるが、いずれもそこで問題視されたのは安全保障や国際関係の緊張、あるいは「戦争」をめぐる危機やリスクのリアルな認識の欠如や弛緩である。

だが、リアルな認識、あるいは実態や脅威の「正しい認識」がどのようなものであるかについては常に議論の余地がある。それが客観的に一様に決まり、合意を得られるのであれば別だが、そのような合意がないところに、「平和ボケ」という他者を批判し非難する言葉が使われる。曖昧さや緩さを残しながらも、危機意識や「正しい認識」の欠如を言い当てる場合に、「平和ボケ」は、イメージ喚起力のある言葉＝知識として使われるのだ。

ただし、いずれの側にも共通するのは、日本が戦後、「直接的にも間接的にも戦争に関係のしていない、世界でも本当に数少ない国」であるという事実認定である。そのような長期にわたる平和な日本は言祝（ことほ）ぐべき事実である。と同時に、そのような経験が、危機意識の弛緩や「正しい認識」の欠如を生み出してきたことの原因や背景として「平和ボケ」は一定の批判力を得る。ここでいう「正しい認識」をめぐる議論の余地や曖昧さを残しながらも、長年続いた平和な状態というそれ自体は否定しようもない「事実」が、日本社会に及ぼした影響の帰結として、「平和ボケ」が表象する知識やイメージが呼び出されるのだ[4]。ここには、一見正反対に見える立場間での相互批判が、（論者たちの意図にかかわらず）必ずしも「正しい認識」の「正しさ＝正確さ」をめぐる議論に至らず、主張や立場の「正しさ＝正当性」をめぐる議論になってしまう、それゆえ認識の正確さを宙づりにすることで議論の曖昧さを残す言説空間がある。「ボケ」の隠喩（メタファー）が批判する相手の認識力の欠如や弱さ――それも回復不可能な――のイメージをつくりだすことで、「正しさ＝正確さ」をめぐる議論の接点を素朴な対立点にすり替えてしまう効果である。

3　教科書的知識に見る「両論併記」

50年代

それでは、そもそも「平和」について、私たちは何を学んできたのだろうか。平和に関するもっとも基礎的な知識とは何だったのだろうか。それは、どのような知識の提示の仕方を特徴としていたのか。ここでは、それを確認するために、「平和」についての教科書的知識を分析の組上に載せる。誰もが学ぶ義務教育段階の中学校の社会（主に「公民」）の教科書に示された平和や自衛隊、憲法に関する知識の提示の仕方に注目することで、教科書に典型的に示された「平和」をめぐる知識の特徴を探り出す試みである。

ただし、教科書の知識がそれを学んだ生徒たちにそのまま受容されたと主張するわけではない。ここで行うのは、危機やリスク認識に直接・間接に関わる「平和」に関する知識の構図（配置）を検定済み教科書がどのように提示してきたかの分析である。それがどこまで代表性を持つか、その議論にも踏み込まない。知識の妥当性や正しさを論じるのでもない。それよりも、多くの人びとが一度は触れる、広く普及し、公的に承認された教科書に示された知識が、どのような提示の仕方の特徴（あるいは知識の構造）を持っていたのかが関心の中心となる。なぜなら、知識の提示の仕方に、私たちが「平和」を理解し論じる際の、明確には意識されることのない特徴が表象されていると見るからである。

ここで分析の対象にするのは、ほとんどどの時期においても中学校社会の教科書で採用数の上位を占めてきた東京書籍の『新しい社会』である（以下の引用では、原文についていたルビを省略した）。

1954～55年版の『新しい社会』では、「日本国憲法の原則」の項として、

憲法の前文で述べられている第2の原則は、永遠に続く平和こそ私たち国民の念願であるということである。戦争のにがい経験にこりた私たちは、戦争を決しておこなわないこと、さらにこの決心を守り抜くためには、平和を愛する諸国民の公正と信義にたより、軍備にたよらないことを他国に先がけて宣言した。（37頁）

と平和主義の原則が記述されている。ところが、54年7月に自衛隊が設立されたことを受け、55～56年の改訂版では、「平和な国交」の項で次の記述が現れる。

歴史が始まって以来、戦争はいくたびとなくくりかえされているが、戦争をこのむ人はほとんどいない。戦争を防ぐことは、政治の大きな仕事である。日本国憲法は、軍備をすてて諸国民の公正と信義にだけたよることを決意している。

しかし、平和条約が結ばれた時、政府は日米安全保障条約をも結び、日本にアメリカ軍が駐留して日本の安全を守ることを求めた。また今日では、自分の国は自国の軍隊のようなもので守ることが必要だとして、自衛隊を作っている。これらのことが、ほんとうに日本の安全を守り、日本の幸福になるかどうかについては、国民の意見は賛否いろいろに分かれ、さかんに議論が交わされている。いずれにしても、私たちは過去の侵略やあやまちを、再び犯してはならない。

平和条約は、ソ連や中華人民共和国とは、まだ結ばれていない。しかし、世界のすべての国と、できるだけ平和な国交を結び、貿易や文化の交流を図ることは、世界の平和、日本の平和を守るために大切なことであろう。（146～147頁）

日米安全保障条約や自衛隊の存在についての言及はあるが、「ほんとうに日本の安全を守り、日本の幸福になるかどうかについては、国民の意見は賛否いろいろに分かれ、さかんに議論が交わされている」と賛否両論があることが指摘される。その直後に、「いずれにしても、私たちは過去の侵略やあやまちを、再び犯してはならない」と平和主義の原則が強調される。いわば「サンドウィッチ」のような知識の配列である。

60年代

61〜62年版[5]には、憲法第9条の「平和主義」の原則が「世界ではじめて、陸・海・空軍などの戦力をもたないことをきめた。憲法は、『平和を愛する諸国民の公正と信義に信頼して』(憲法前文)武力を使わずに外国との紛争を解決することを定めている」(30〜31頁)と記述される。その上で、「外交と防衛」の見出しの下、

わが国は平和条約とともに、合衆国と安全保障条約を結び、合衆国軍が日本に駐留することを認め、軍事基地がおかれている。そして、世界の国々がまだ軍備をもっている現状では、自衛ということを考えるのは独立国として当然なことだという主張がおこり、1950年の朝鮮戦争のときに、合衆国の援助もあったので、警察予備隊がつくられた。

それはしだいに拡大され、今日では、陸上、海上、航空の各自衛隊がおかれている。このための経費は、年に1500億円をこえている。（85頁）

の記述がある。自衛隊の存在については朝鮮戦争後の経緯が簡単に触れられ、その後の拡大についての記述が続く。その下に〈平和のとりで〉というタイトルのコラムがあり、次の文章が続く。

国の防衛はたいせつなことであるが、原水爆やミサイルができた今日では、全面戦争は人類の破滅をもたらすものとなった。だからなによりも戦争をおこさないように、平和的な話しあいを守ることがたいせつである。ユネスコ憲章がのべているように、「政府の政治的および経済的とりきめのみにもとづく平和は、世界の諸人民の、一致した、しかも永続する誠実な支持を確保できる平和ではない」。

戦争は人の心のなかでうまれるものであるから、人の心の中に平和のとりでを築かなければならないのである。（85～86頁）

自衛隊についての淡々とした記述に比べると、ユネスコ憲章を引用することで、平和主義の原則・理想が強調されている。しかし、それと自衛隊の存在との関係については論じられずに、ここでも両論併記の形がとられる。さらにはユネスコ憲章の引用が自衛隊の記述をサンドウィッチする構図も見られる。

70年代

自衛隊に関する記述で変化が見られたのは、74～75年版である。「憲法と自衛隊」の項では、

日本国憲法が施行されてまもなく、1950年、朝鮮戦争にあたり、連合国総司令部の指示で、警察予備隊が設けられた。やがて、それは保安隊となり、のち1954年、陸・海・空の自衛隊へと発展し、装備の面でも、増強がつづけられていった。（145[ママ]図①、②）

このあいだに、憲法と自衛隊の関係についての議論が高まり、自衛隊は、自衛のための必要最小限の自衛力であり、憲法第9条の戦力にあたらない、という見解に対し、第

9条に禁じている戦力にあたるものであるから憲法に違反する、という主張が続けられている。

実際の国際社会では、軍備の縮小をめざして努力がなされてはいるが、その効果はなかなかあがらず、また、武力紛争もたえない。しかし、わたしたちは、国際平和と日本の防衛問題を、つねに憲法第9条の平和主義にてらして考えていくことが大切である。そして、わが国は、国際紛争にあたっては、あくまでも外国などの平和的手段によって、その解決に努力しなければならない。（201〜202頁）

と、自衛隊の創設に至る過程が以前より詳しく記述されるようになった。併せて、自衛隊の増強についての図が加えられた。それでも、基本的な記述の構図は変わらない。「自衛隊は、自衛のための必要最小限の自衛力であり、憲法第9条の戦力にあたらない、という見解に対し、第9条に禁じている戦力にあたるものであるから憲法に違反する、という主張が続けられている」といった両論併記の継続であり、その後に、平和主義の重要性が再確認されるという知識構成（サンドウィッチの構図）になっている。

80年代

1986〜87年版でもこの基本的な構成に変化はない。「日本の安全保障と自衛隊」の項では、

日本は、第二次世界大戦の反省のうえに立って、日本国憲法に徹底した平和主義を盛りこんだ。その前文と第9条に、世界の恒久平和を祈願し、平和主義を国の政治の基本原則とすることを宣言している。第9条は、戦争の放棄をうたい、このため「陸海空軍その他の戦力は、これを保持しない。国の交戦権は、これを認めない」と定めている。その後、1950年に朝鮮戦争が起きると、当時の占領軍の連合国総司令部は、警察予備隊の創設を指示した。警察予備隊は保安隊を経て、1954年に自衛隊法によって自衛隊となった。自衛隊の任務は、日本の平和と独立を守り、国の安全を保つこととされ、年々、整備が進められている。

独立国には自衛権があり、各国は防衛力を保持している。憲法第9条も自衛権を否定するものではないと考えられることから、政府は、自衛隊は自衛のための必要最小限の実力であり、第9条が禁じる戦力には当たらないとしている。これに対し、自衛隊は第

9条の戦力に当たり、違憲であるという主張がある。（72～73頁）

と両論併記した後で、「日本の安全は自衛隊だけで守れるものではない。憲法前文は『平和を愛する諸国民の公正と信義に信頼して、われらの安全と生存を保持しようと決意し』とうたっている」（73頁）と続く。サンドウィッチの構図である。

90年代

若干の表現の変化は認めながらも、自衛隊と憲法第9条に関する両論併記と平和主義の再確認といった構成は、90年代に入っても大きくは変わらない。ただし、1996～97年版になると、その頃に自衛隊の国連平和維持活動への参加が議論されたことを受け、「国際情勢の変化と自衛隊」の項に次の記述が登場する。

日本を取り巻く国際情勢は、1990年ごろから大きく変化してきた。東側諸国の社会主義体制がくずれて東西冷戦が終結したが、その後、民族対立などから世界各地で内戦や地域紛争が多発している。今日、これらの紛争を調停する任務が強く国際連合（国連）に期待されるようになった。
国内でも、自衛隊を国連の平和維持活動（ＰＫＯ）に参加させるべきかどうかが問題となった。日本の国土の防衛を任務とする自衛隊を海外に派遣すべきではないという意見と、各地の紛争の調停をはかる国連の活動に協力すべきだという意見が対立したが、１９９２年に国連平和維持活動協力法が成立し、それにもとづいて自衛隊がカンボジアに派遣された。自衛隊のこれからのあり方をめぐって、議論はなお決着していない。

（44頁）

92年に国連平和維持活動協力法が成立し、自衛隊のカンボジア派遣については既知の事実として触れているが、その後に「自衛隊のこれからのあり方をめぐって、議論はなお決着していない」と続く。国際情勢や政府の政策変更にともなって、自衛隊に関する情報量は増えている。しかし、ここでも両論併記の構造は変わらない。

２０００年代

２０００年代に入り、有事法制が立法化された後になると、05〜06年版に「これからの平

和」の項があり、そこでは、

冷戦が終わり、大戦争が起きる危険性はほとんどなくなりました。しかし世界では、民族紛争、地域紛争が起こっています。こうしたなかで日本は、アメリカとの防衛協力を強化しています。2003年には、有事法制関連3法が成立しました。これは、日本が武力攻撃されるなどの緊急事態が起こったときに政府がとることのできることを定めた法律です。これらの防衛体制の整備や強化が、世界平和や日本の安全にとってふさわしいものかどうか疑問視する声もあります。

2004年には、イラクの復興支援のため、自衛隊がイラクへ派遣されました。

(41頁)

ここでも法制化の事実に触れた後で、「これらの防衛体制の整備や強化が、世界平和や日本の安全にとってふさわしいものかどうか疑問視する声もあります」と両論併記の構図を崩していない。

２０１０年代

最後に、２０１５年に集団的自衛権（部分的）行使の閣議決定が行われた後の15〜16年版には、

２０１５年（平成27年）には、日本と密接な関係にある国が攻撃を受け、日本の存立がおびやかされた場合に、集団的自衛権を行使できるという法改正が行われました。これに対して、憲法第９条で求められる自衛の範囲をこえているという反対の意見もあります。（42頁）

と、ここでも「反対の意見」が併置される。さらに、「自衛隊と国際貢献」の項では、

自衛隊は近年、日本の防衛だけでなく、国際貢献としてさまざまな活動を行っています。例えば、国連平和維持活動法（ＰＫO協力法）に基づいて、カンボジアや東ティモールなどでの国際連合の国連平和維持活動（ＰＫＯ）に参加してきました。さらに、イラク戦争のときに復興支援を行ったり、ソマリア沖などで海賊対策として船舶を護衛し

たりしてきました。このような自衛隊の海外派遣については慎重な意見もあります。（43頁）

と最後に「このような自衛隊の海外派遣については慎重な意見」が存在したことを指摘するのを忘れない。[6]

両論併記は何をもたらしたか

このように1950年代から2010年代の中学校社会の教科書の記述を見ていくと、「平和」に関する基本的知識の特徴、より重要な点としてはその提示の仕方の特徴が明らかとなる。過去60年にわたって中学生が学んできた「平和」についての基礎知識は、基本的には憲法第9条の「平和主義」を中心にしている。そこに自衛隊の創設やその役割（の拡張）が付け加えられる。そして、憲法第9条と自衛隊との関係については、政府による合憲という位置づけ（意見）と、それに反対する意見とが併置される。ニュアンスをくみ取れば、反対意見に暗示的に与するような知識提示の構成（サンドウィッチする構図）も見られたが、基本は両論併記であり、異なる意見の併存・併置である。[7]

重要なのは、それらが対立することは記述されても、そこから深入りする記述は見られない点である。憲法第9条を社会科の授業でどう教えるかの実践論文を書いたある中学校教諭によれば、「これまで、自衛隊と憲法の平和主義の関わりについては、一般には深く立ち入らずに指導することが多かった。正確に言えば、憲法の掲げる平和主義の内容を通り一遍に教えることが多かったと言ってよい」という。[8]

もちろん、より踏み込んだ授業の展開を行う教師もいるだろう。ただし、ここでの分析は、授業を通じて生徒がどのような知識を得たかではない。この中学校教諭が指摘したように、「平和主義の内容を通り一遍に教えること」が広く行われているとすれば、教科書の記述の仕方が提示する平和についての知識は、議論や論争を巻き起こすものとしてではなく、両論併記が示唆する二つの立場や見解の併存状態を知識として伝えることになる。多くの人びとが一度は触れる公的に承認された教科書的な知識の特徴は、平和をめぐる知識のこうした併存・併置という構図を特徴としてきたのである。

と同時に、このような教科書的知識の提示の仕方に見られる特徴は、示された両論のいずれの立場に立つかを、暗黙のうちに求めている点でもある。少なくとも、両者の間の交流や妥協の可能性は示されない。白か黒か。両者の接点を見出すことのない、交流のない知識提示のあり方と言ってよい。少なくとも国民のほとんどが一度は触れる（はずの）平和に関する知識のあり方は、接点のない、しかし対立していることは容易に理解できる、二つの異なる見解の併存・併置を提示し続けてきたのである。

繰り返しになるが、このような教科書に示された「平和」に関する知識の構図が、そのまま生徒に受け入れられ、国民の理解につながったという主張をここではしていない。そうではなく、検定を通過し、義務教育段階で多くの中学生が触れることを前提にした、教科書という文字通り教科書的知識を提供する知識伝達の媒体において、ここで見たような両論併記的な知識の配列が時代を超えて行われてきた、そのこと自体に、日本社会が認定した平和の論じ方の典型のひとつが「知識の在庫」に加えられてきた点に注目したいのである。

しかもここで重要なのは、両論併記的に知識を配置しようというもう一段高いメタのレベルで暗示される「知識」が、二つの知識の接点を鋭く、深く探ることなく、併存することを暗黙裏に認める「知識の在庫」として作用した可能性である。

4　両義性（アンビバレンス）に耐える――高坂正堯の「悩み」

理想主義と現実主義の両義性

このような教科書的知識の構図は、国際政治学の概念を用いれば、理想主義（アイデアリズム）と現実主義（リアリズム）の併存ということになる。私は国際政治学の専門家ではない。したがって、以下の考察はあくまでもこの対概念を借りて、平和にまつわる私たちの知識の在庫を社会学的に分析することに当てる。国際政治の専門的な議論をするのではなく、その理論を知識社会学的に応用することで、私たちの世界観や社会認識、それらを枠づけている「知識」のあり様に迫ることがここでのねらいである。

表層的に見れば、自衛隊やその海外派遣を違憲としたり、集団的自衛権の行使を憲法違反としたりする見方は、国際機関や他国への信頼に恃（たの）む理想主義と見なされ、他方、それらを進めようとする側は、国家間の関係を無政府状態に近いものと見なし、力の均衡論に頼る現実主義と見なされる。だが、ことはそう単純ではない。しかし、その点はここでは措くとして、以下ではこれまでの分析をふまえて、知識の配置・構造に見られる理想主義と現実主義の関係について考えてみよう。

先に分析した「平和ボケ」言説が喚起する安全保障や国際情勢の脅威や緊張をめぐっては、常に理想主義と現実主義の対立・葛藤があった。通常、ある種の現実主義の立場に立って、ある種の理想主義（あるいは現実認識の欠如）を批判する時に、「平和ボケ」という言葉が喚起するイメージが呼び出される。しかも、それは常に保守派が護憲派を批判する際に一方的に使われたのではない。先に見たように、「タカ派の平和ボケ」もリアリズムの欠如として批判された。つまり、平和ボケ言説が喚起する知識の周囲には、政治的な立場を超えて、安全保障や平和に関する現実主義と理想主義とのアンビバレンス（両義性：対立・葛藤する要素の共存）が伏在していた。

平和ボケという表現を使い他者を批判・揶揄する場合、そこに曖昧さを残しながらも、何らかの現実主義に立っていることが前提にされる。この現実認識の欠如や弛緩を批判するという用法はそれゆえ、たとえ「正しい認識」についての確定的な事実に基づく基準がなくてもまかり通ってきた、ということができる。そうだとすれば、それが可能になるのは、平和ボケ言説によって喚起されるイメージが、現実主義と理想主義との厳密な関係を避けて通る逃げ道（言説的な空隙（スキマ））を用意したからではないか。そのように考えると、教科書の記述に見られた両論併記も、平和ボケをめぐる両派の主張も、一見対立的な意見を表記しているようで、両者の接点を求める議論を展開する言説空間を用意することに失敗していることがわかる。

そして、教科書的知識に典型的に示される「両論併記」という知識のあり様（構図）は、伏在する現実主義と理想主義とのアンビバレンスを弛緩させるか、両者の交流や接点を探る試みを棚上げして、素朴（ナイーブ）に白か黒かの立ち位置の選択を迫るイメージ操作の余地を生み出す。表面的には対立することを示した上で、それでもその対立の本質には迫ろうとしないのが、両論併記という知識提示の効用である。だから、対立の構図だけは素朴（ナイーブ）に——うっすらと——印象として残る。そしてそのことで、右派、左派どちらの側も平和ボケ言説で相手を批判することを可能にする言説空間の誕生を助けている。

そこで接点を求める議論をとことん進めれば、どちらがよりリアルな認識であるかが問われるはずだが、そのリアルに迫る試みは、両論併記的な認識枠組みの下ではなかなか生じない。教科書的知識の両論併記や平和ボケ言説が許す議論の曖昧さが、かえって白か黒かの素朴（ナイーブ）な対立を——その接点を明確にすることなく——招くという一種のパラドクスである。

このような推論がある程度の説得力を持つとすれば、両論併記の知識を基盤とし、その上に、相互批判を可能とする意見の素朴な対立状況が重ねられてきたからだということが言えるのではないか。リスクや危機意識の欠如が批判や非難の対象となる場合でも、そのような論争は、立場間の分断を生んだとしても、両者の接点を求める交流は生みにくい。安全保障や平和に関する知識の構図を現実主義と理想主義との「アンビバレンス」と見れば、素朴な対立・分裂に回収されるか、あるいはそれを忌避する「無関心」や態度の留保（世論調査での「わからない」）を生み出すかのいずれかに終わってしまう。そしてそのような状態が、両派から「平和ボケ」として再び批判される言説の循環を生み出す。対立の構図は見えても、両者の接点は見えてこない。「アンビバレンス」のひとつの帰結である。ただし、それは原語の意味（逃れがたい対立、葛藤、矛盾を含んだ両義性）を離れた、曖昧さを許す（カタカナ語のカギ括弧付きの）「アンビバレンス」[9]である。

高坂正堯の炯眼

このような知識の構図を半世紀近く前に見通していた国際政治学者がいた。政治学の枠組みで捉えれば、当時、現実主義者と見なされた高坂正堯である。以下に高坂の1960年代の言説を紹介するが、ここでもその目的は専門外の私が政治学の議論をしようというのではない。アンビバレンスとして見た知識の構図が生み出しうる、もうひとつの可能性を探るために高坂の議論に耳を傾けるのである。

1964年10月に雑誌『潮』に発表された論考「『奇妙な革命』の遺産」[10]の中で、高坂は憲法第9条と自衛隊の関係について、一般の読者にもわかりやすい言葉で次のように説明した。

（憲法）第九条は日本人の追求するべき目標として、戦争の放棄という「理想」をかかげました。

この条文はただちにそれを実現することを要求するものではありませんが、しかし、日本人に対して、その理想を実現するためにあらゆる努力を惜しむなと命じているものなのです。

そして、たとえいかように必要であっても自衛隊を持つことが、この理想に向って近づくものよりは、遠ざかるものであることはいうまでもありません。

もちろん、政治の世界においては、直線的に理想に向って進むのがつねに良いとは限らないでしょう。時には妥協も必要となります。

しかし、必要に迫られて妥協するときにも、われわれはそれが妥協なのだということをはっきりと認識していなくてはならないのです。

自衛隊を持つ場合でも、それが厳しい現実を前にしておこなわれたやむをえない妥協であることを忘れてはならないと、私は思います。

現憲法の下で自衛隊を持つことは合憲であるとして割り切ってしまうならば、この厳しい認識が失われることを私は恐れます。

だから私は数ヵ月前、本誌の座談会で憲法第九条は軍備を持ってもよいとは書いていないと申しました。そして、じゅうぶんに考えたあとで持つなら、軍備を持つことができる抜け道は残してあるのだと述べ、第九条はわれわれ日本国民に対して、軍備の問題について大いに悩みなさいと呼びかけているのだという発言をしました。（中略）この悩みという言葉にこそ、憲法第九条に対する私の態度が集約されているからです。


（319～320頁）

当時の高坂は、1963年1月号の『中央公論』に「現実主義者の平和論」を28歳で発表して注目をあびた、文字通り新進気鋭の国際政治学者だった。その時代の論壇は、中立論や平和主義を掲げる進歩派知識人＝「理想主義者」が主流であった。そのような言説空間に登場した「現実主義者」を自ら名乗る高坂は、「体制イデオローグ」あるいは「危険な思想家」と名指しされ、批判された（服部龍二『高坂正堯』中公新書、2018年、76〜77頁）。このデビュー作では、高坂より7歳年長の、とはいえやはり若き国際政治学者として「中立日本の防衛構想」を雑誌『世界』に発表した坂本義和の論を批判しながら、彼に代表される「理想主義者」との「対話」をめざした。しかしその「対話」は実現しなかった。坂本が『中央公論』での対談を断ったと言われる。[11] 論壇という知識「界」・言論「界」（「界」はブルデューのいうchamp、英語のfield）で理想主義者の言説が圧倒的に支配的であった時代である。

高坂が「悩み」と表現した葛藤には、理想主義と現実主義のアンビバレンスが含意されていた。高坂の議論の続きを見よう。

> すなわち、憲法第九条に描かれた理想と、現在の世界の厳しい現実、それはわれわれを妥協させずにはいないものではあるけれども、しかし、その妥協によって、われわれは理想と現実の間の緊張関係を失ってはならないということを、私は悩みという言葉で表現したのでした。
> （同320頁）

日本の自衛力の問題についても、その課題の難かしさと、現実と理想の間のアンビバレンス（かっとう）に負けて、どちらかの極端主義に走ることは避けなくてはなりません。

何故なら、極端主義は極端主義を生みます。自衛隊を違憲として激しく攻撃し、自衛隊員を日蔭者扱いにするならば、かならずその反動として、第九条第二項削除論がたかまるでしょう。

その逆もまた真です。（中略）

日本の場合にも、もっとも恐れられるべきことは、第九条の問題をめぐって、極端主義が相互に連鎖反応を起こすことであるのです。

われわれは現実と理想の間のアンビバレンスに負けてはなりません。われわれは世界政治の行末を見きわめながら、可能な限りにおいて、より安定した平和への努力をつづけなくてはなりません。その困難な仕事こそ、政治に固有の仕事なのです。

（同322頁）

政治学者の苅部直（かるべただし）は、ここに引用した文章と類似の箇所を高坂の「二十世紀の平和の条件」から引用した上で、このような高坂の立場を「平和の理想と、現実における力の行使との緊張関係を自覚する態度」とまとめている（「『現実主義者』の誕生」、五百旗頭真・中西寛編『高坂正堯と戦後日本』中央公論新社、２０１６年、69頁）。

前述の通り、ここでは政治学の議論に踏み込むのが目的ではない。しかし、苅部のいう「平和の理想と、現実における力の行使との緊張関係を自覚する態度」を知識社会学的に引き取れば、それは理想主義と現実主義という、安全やリスクに関わる認識枠組みの中で、アンビバレンスと呼ばれる知識のあり様（構図）を、二つの知識間の緊張関係と見なす見方として読み取ることができる。

教科書的知識に見られた両論併記や、平和ボケ言説に見られた白か黒かの相互批判に陥るのではなく、両者の接点を極力求め、そこに立脚して知識を編み出していく。安易な妥協とも素朴な対立・葛藤とも異なる、両者の「緊張関係」に、知識のアンビバレンスが生み出しうるもうひとつの可能性を見ることができる。この緊張関係を高坂は「悩み」と呼び、読者に「悩み」続けることを求めた。

このような知識のアンビバレントな構図＝特徴に緊張関係を見出す理解の仕方は、時代を超えて意味を持つ。理想主義が立脚する理想の内容も、現実主義が力の均衡と見なす世界情勢の内実も、時代とともに変化していくのだろう。半世紀以上前の高坂がこの文章を書いた時代状況とは大きく異なる世界を私たちは生きている。高坂自身、もし現在の世界情勢、日本の政治状況を見たら、同じようなことを語ったかどうかはわからない[12]。「内容」に即した政治学的な議論をする場合には、そのような変化をどのように見るかは重要な論点となる。

しかし、再三ここでの目的を記したように、平和に関する私たちの知識のあり様を主題とするこの章での議論に照らせば、重要なのは知識の提示の仕方に埋め込まれたメタレベルの知識として、半世紀以上前に高坂が指摘したアンビバレンスを読み解くことである。

この緊張関係に立脚した知識のアンビバレンスを受け入れるのか。あるいは高坂が危惧した極端主義の分裂に陥るのか。それとも知識の併存に安住して対立や葛藤の顕在化をおそれ「調和」や暗黙の――それゆえ論点や両者の接点を明確にしない――「妥協」や「解釈」をめざすのか。私たちが知識の在庫から取り出す、リスクや危機に関わる私たちの認識を枠づけている知識のあり様は、リスクや危機への対応＝「安全」にかかるコストを社会がどれだけ、どのように受け入れるかという受けとめ方に影響することを忘れてはならない。その際に、平和に関わる知識のアンビバレンスを、知識の在庫からどのように呼び出すかが、私たちの問題構成の枠組みを左右する。

岐路に立つ日本

ウクライナでの戦争は、日本社会にも古くて新しい危機感を生んだ。一方では日米同盟の一層の強化や自衛隊の増強路線の延長上で、防衛費の倍増や「反撃能力」、はてはアメリカとの「核共有」の議論も出始めた。新たな「脅威」に備えるためには、現状では不十分ということなのだろう。それに対し、こうした性急な対応に対しては、反対論や慎重論も当然ながら現れる。対立の構図がここでも繰り返される。

そしてそのような状態を理解する枠組みとして、知識の在庫からさまざまな知識が呼び戻される。「平和ボケ」が表象する知識もそのひとつである。だが、私たちは高坂の言う「悩み」、知識のアンビバレンスがもたらす「緊張関係」に立脚して、自分たちの意識に影響を及ぼす認識枠組みにどれだけ自覚的だろうか。さらには、その枠組みの形成に関わる知識の構図の特徴をどれだけ知っているのだろうか。知識のアンビバレンスが導く緊張関係は、両者の接点、対話を求め続ける。宙ぶらりんの両論併記やその上に安易に乗った素朴(ナイーブ)な白か黒かの議論に終わるのではなく、私たちは理想と現実の緊張関係に「悩み」ながら、この危機に対峙しているのだろうか。

曖昧さを残す日本的対応の妙は、露骨な対立を生み出すことを避け、曖昧な解決を許してきた。憲法第9条をめぐる「解釈改憲」も、ある意味では、憲法改正という大議論や大きな対立・分断を巻き起こすことなく、現実的な政治的対応を可能にしてきたと言えるのだろう。コロナ対策においても、自粛の要請を中心とした政府の対応は、徹底した感染予防かそれとも経済への配慮かといった対立を避ける曖昧さを残した対応であった。両論併記を旨とした教科書の記述も、一見中立的に見えるが、別の見方をすれば、対立を指摘しながらもその間の緊張関係には深入りしない曖昧さによる解決であった。

「鎖国」の経験が生み出した日本的な知恵だと言えばそう言えなくもない。そういう日本文化論的な知識を呼び出すことで、納得がいくこともあるだろう。だが、さまざまな対立や葛藤を含み込んだ知識のアンビバレンスは、コロナや安全保障をめぐる問題に限らない。そのような知識の構図から、両論併記的な態度やナイーブな白か黒かの対立に留まるのか。それともアンビバレンスとともに生きる道──緊張関係に耐え、「悩み」続けながら「対話」を可能とする接点を見極め、考え、行動する──を選ぶのか。その岐路に私たちは立っている。

〈注〉

（1）いくつかの辞書を調べたが、管見の限り「平和ボケ」について取り上げたものは、見つからなかった。『現代用語の基礎知識』にもこの項目はない。

（2）読売新聞縮刷版のデータベース（『ヨミダス歴史館』）で検索を行うと、1956年11月8日付朝刊「首脳会談で米を試す？　英、共和党外交に愛想づかし」の記事で、海外報道として「平和ぼけ」の語が使われた。日本に関する記事では1986年12月26日付夕刊「［論点'86］12月＝下　日本人の不自然な従順さ（連載）」に「太平ボケ」が現れる。1986年以降をカバーするデジタル版では、「平和ぼけ」が出現する記事は1990年4月13日まで見られない。

（3）主に2000年代以降の情報ソースをカバーするデータベースのFactivaを使い「平和ボケ」をキーワードに探索すると、この語を使った記事の情報ソースの分布がわかる。それによると、490件中、『産経新聞』東京本社版が82件、大阪本社版が55件と、『産経新聞』が媒体として多いことがわかる。『東京新聞』は17件、『読売新聞』が13件、『毎日新聞』12件、『朝日新聞』8件と、このデータベースを見る限り保守系メディアでの登場が多い。

（4）イギリスで長年暮らしてきた私にとって、日本にいた時とは違う感覚で戦争を見てきた。最近で言えば、イラクやアフガニスタンへの出兵は戦死者を生んだ。テレビニュースで兵士の戦死が放送されることも珍しくなかった。戦争をしている国で暮らしているのだということを感じた出来事であった。同じように、コロナ禍で亡くなった医療従事者への哀悼の意を表すニュースもパンデミックの当初にはしばしば報道された。いずれの場合も、氏名や写真が一緒に報道された。国や社会に貢献し命を落とした人への敬意や哀悼の意思表示である。

(5)学習指導要領をめぐる教育政策上の変化が1958年に生じたことに注意を向ける必要がある。それ以前の指導要領は「試案」と銘打たれていた。それがこの年の改訂の際に法的拘束力を持つように位置づけられた。ただし、学習指導要領の公民分野について過去の分を含めて調べると、「自衛隊」をどのように扱うかについての記述は見られない。

(6)紙幅の関係でここでは引用しないが、清水書院の『私たちの社会生活』『日本の社会と世界』についても東京書籍と同時期の教科書を対象に分析を行った。両論併記という知識の構図は、そこでも変わらなかった。

(7)世論調査を系統的に調べることは今回できなかったが、自衛隊容認についての国民の意識の推移の概要を追うと、時代とともに容認の意見が高まっていく。たとえばNHKの世論調査によれば「自衛隊は憲法で認められる」という意見に対し、1992年の調査では48%が「認められる」、18%が「認められない」だったが、2017年になるとそれぞれ62%、11%と変化している(https://www3.nhk.or.jp/news/special/minnanokenpou/column/001.html)。なお調査での質問の仕方が異なるので直接の比較はできないが、1954年5月16日に朝日新聞が行った世論調査の結果によれば、「現在、わが国は軍隊をつくる必要があると思いますか」

という質問に対し、「必要がない」が37%、「必要」が30%、「条件による」が15%。「意見なし」が18%だった。

（8）小林正文「単元構成や活動の場の工夫・改善による多面的・多角的な見方や考え方の育成――憲法第9条と平和主義の学習を通して――」『教育実践学研究』第7号、2003年、17頁。

（9）ここでカギ括弧付きの「アンビバレンス」として使ったカタカナ語の概念は、この章で試みたように、日本社会の知識の在庫が及ぼす私たちの認識枠組みへの影響を知識社会学的に分析する際の枠組みとして役に立つ。この章で論じたように、「アンビバレンス」は、素朴な対立や葛藤に関わる両義性（白黒論議）と、（対立する）知識の併置＝接点がない両義性が生む曖昧さの両方の意味（それ自体アンビバレントである）を持っていると見ることができる。日本的な議論が生み出す、対立を含意しながらも両者のすれ違いや曖昧さを許す知識の構造として、カタカナ語のカギ括弧付き「アンビバレンス」――あえて日本語にすれば、曖昧さを許す、対立・葛藤を含む複数の価値の両抱え状態――は分析概念として使えるだろう。それは、元々のアンビバレンスが対立、葛藤、矛盾する要素間の緊張関係を維持しながら両者が曖昧さを排して共存している状態との違いである。その意味で、次に見る高坂の用法はこの原意にかなっている。

なお、アンビバレンスについて論じた Marc Augé, *A Sense for the Other: The Timeliness and*

Relevance of Anthropology (translated by Amy Jacobs, Stanford University Press, 1998) によれば、「ある人物、態度、状況、命題を『アンビバレンス』と認定することは、それが相反する判断に耐えうること、そうした判断が等しく関連することを仮定することである。ある人物は善でもあり悪でもある、ある肯定は真でもあり偽でもある。このような複数の可能性は、一般に、視点の複数性を意味する。良い母親が悪い妻になることもあれば、良い夫が悪い父親になることもある。もちろん、アンビバレンスとは、ひとつの視点における感情の複雑さを指すこともある。有名な愛憎感情である(後略)」(30頁)と述べる。他方、曖昧さ(ambiguity)については、「一方、誰かや何かが善でも悪でもないと断言すること、あるいは真理判断では、ある命題が真でも偽でもないと断言することは、ambivalence から ambiguity の領域に移行することである」(30頁)。この議論を借りれば、カギ括弧付きのカタカナ語「アンビバレンス」はAでもBでもないという曖昧さ(ambiguity)だということもできる。ただし、日本語の「曖昧さ」は英語の ambiguity とは異なることに注意が必要。

(10) ここでの引用は『高坂正堯著作集 第八巻 一億の日本人』2000年、都市出版より。

(11) 中西寛「時代を超えて生きる戦後論壇の金字塔」、高坂正堯『海洋国家日本の構想』中公クラシックス、2008年、9頁より。

(12) 高坂とともにテレビ番組をつくっていたジャーナリストの田原総一朗の回顧によれば、かつて憲法第9条の改憲に反対していた高坂が、湾岸戦争をオンエア中に、「やっぱり憲法改正や」と発言したことが記されている。（田原総一朗「『サンデープロジェクト』時代の高坂さん」五百旗頭真・中西寛編『高坂正堯と戦後日本』中央公論新社、2016年、272頁）

エピローグ　日本文化論を超えて

現在進行中の危機やリスクをどのように理解すればよいか。その認識と理解、それらに基づく判断と行動は、私たちの未来に少なからず大きな影響を及ぼす。さらには、2年以上にわたる新型コロナウイルスによるパンデミックと、2022年2月に始まったウクライナでのロシアによる侵略戦争との同時体験は、私たちが歴史の変曲点に立っていることを印象づけもした。これらの災禍の経験の中で示された私たちのリスク対応の「日本的」特徴は、大きな歴史の曲がり角に立つ日本社会の近未来にとって、その方向性を左右するものになるだろう。

このような考えに導かれ、私は本書を書こうと思うようになった。それというのも、2年にわたりイギリスでパンデミックを経験してきた私にとって、遠目に観察してきた日本のコロナ対応・対策について、よい面も悪い面も含め不思議に思う、あるいは疑問を感じる点が多々あったからだ。本書で論じた「自粛」要請による対応は、その典型であった。2021年12月に帰国した際の私自身の隔離生活もまた、コロナ禍への日本政府の対応を身を以て体験することで、さまざま考える機会を与えてくれた。1〜3章でも触れたように「鎖国のような」国境管理、そこに見られた曖昧さと厳密さ、科学性と非科学性の併存にも疑問を感じた。そして、これらの疑問に私なりの解答を与えることで、私たちのリスク認識の「日本的」特徴に迫ることができるのではないかと考えた。

イギリスの大学で現代日本社会を対象に社会学的な研究や教育をしてきた私にとって、このような「日本的」対応は、学問的な興味の対象にもなった。日本への帰国を控え、イギリスでほぼステイホームの生活を2年以上続けてきた私には、日本の報道やネットを通じて知った、イギリスとは異なる日本の対応の数々に学問的な関心を寄せた。そして、私にとってはきわめて自然なことに、そこに「日本的」「日本型」と形容してよい危機やリスクの受けとめ方、対応の仕方の特徴が示されていることを、イギリスでの経験を背景におくことで強く感じるようになった。

「自粛」について論じた4章の論考の一部は、そのような経験の下で書かれたものである。イギリスほどの強制力を持ったロックダウンのような対応でもない。イギリスでのワクチン接種に見られた軍事用語の頻発のような国を挙げての対応というのでもない。それでも結果的には、感染者数も死亡者数もイギリスはもとよりヨーロッパ諸国、アメリカ合衆国に比べれば、人口比で見ても実数で見てもはるかに低い水準で推移してきた日本の状況は、海外から見ればひとつの謎に見えたのである。

それらを、いわゆる日本人論・日本文化論的な議論、すなわち「日本文化」に還元して理解することもできるだろう。自粛にまつわる「同調圧力」や「空気」の読み合いといった表現で、「集団主義」の文化に帰属させるような理解の仕方である。しかも、そのような日本人論的な議論では、しばしば「島国」という日本のイメージ、あるいは「鎖国」という歴史的経験に寄せたイメージがそれらの文化を生み出したという言及――ただし必ずしもその影響関係を論証したものではない、本書の議論に即せば隠喩的な言及に留まる――もしばしば見られた。日本文化論的説明は、このような私たちの「記憶」を呼び起こす。それだけに、人びとにも受け入れられやすい。しかし、そのような文化論的議論に終始してしまうと、「文化」という前提を切り崩すことが難しくなる。文化の壁にさまざまな議論がはじき返されてしまうということだ。日本文化論という自明性が私たちの認識の自明性を強化する、そういう循環（トートロジーの自明視）に陥る危険性に気づかない。

もちろん、文化論を全面的に否定する必要はない。「文化」の存在とその影響は否定できないからだ。だが、それを疑うことなく前提として原因の帰属先にしないことが大切である。文化は変わる。それは蓄積される知識の在庫の影響を受けるからでもある。だから、変わらないことを含意する「日本人の国民性」や「日本人の気質」などの言説には気をつけたほうがよい。たしかに国による人びとの意識の傾向性はあるにしても、それを安易に「文化」に帰属させないことは社会科学として必要な立場である。そのためにもこれらの言葉自体が要素のひとつとなっている知識の在庫を、いったん「文化」から切り離して論じることが重要となる、と私は考えてきた。

他方、自立した個人＝主体性の欠如、「市民社会」の不在といった、いわゆる欠如理論（簡単に言えば、西洋にあって日本にはないとする議論。詳しくは拙著『追いついた近代 消えた近代』を参照）による理解も、私には物足りないと思った。たしかに欠如理論は日本の近代化の歴史的経験に根ざしてはいる。だが、「無い物ねだり」をいくら続けたところで、自立した個人や主体性が日本に根づくわけではない。市民社会が突然生まれるわけでもない。なるほど、それらの欠如には、プロローグで触れた和辻哲郎の見解のように、「鎖国」の経験が影響しているのかもしれない。「和魂洋才」のフレーズも思い起こされるだろう。こうした

〈鎖国〉の記憶は、さらに日本文化論を経由して、「日本的」対応の理解にも及ぶ。だが、欠如理論の系譜は、その欠如を埋める方法にはなかなか至らない。「欠如」がもたらす欠点は、なんとなくわかったつもりになっても、それを乗り越える手立てや方法を欠如した議論になりがちだからだ。しかも「西洋」の現実ではなく理念を理想化して実態を見ないという弊も指摘される（たとえば園田英弘「逆欠如理論」『教育社会学研究』第49集、1991年）。

このような「日本的なるもの」についての従来の理解の仕方は、どこかで思考停止に陥っているのではないか、そのような感覚も拭えなかった。それらの言葉や表現を与えられることで「わかったつもり」になってしまい、それ以上の思考を停止する。そのことで、議論が中途半端で終わったり、対立する議論の接点をとことん求めたりしないまま、白か黒かの素朴（ナイーブ）な対立に終始する。コロナ禍で生じた議論やウクライナでの戦争がきっかけで生じた「平和」をめぐる論争に、そういった特徴が見られた。専門家の間の議論においてさえ、そのような印象を受けた。

もちろん、嚙み合う議論を行う努力をし続けた論者がいたことは否定できない。しかし、コロナへの対応のような一人ひとりの判断が求められるような事態、さらには、ウクライナでの戦争が巻き起こした安全保障や平和をめぐる議論、自衛隊の位置づけに関する改憲の議論といった問題についても、最終的には国民一人ひとりの判断に委ねられる。専門家の間だけで物事が決まるわけではないのは、民主主義の仕組みを前提にすれば当然のことである。しかし、テレビや新聞、SNSを含めたメディアで飛び交う議論や国会での論争を見ていても、接点を見つけ、嚙み合う議論をしているようには見えない。そのような論争を見せつけられる国民の側にとっても、どのように当該の問題を理解すればよいのか、何が正しい事実に立脚した意見なのかがわからないまま、嚙み合わない論争が続く。

そのような議論の仕方を続けていたら、歴史の変曲点での認識や判断にバイアスがかかってしまうのではないか。納得のいく議論を経ないまま、日本社会をあらぬ方向に導いてしまうのではないか。そのような危惧を私は感じざるをえなかった。とりわけ「平和」をめぐる論争においては、高坂正堯が半世紀前に指摘した憲法第9条の理想が突きつける現実との「緊張関係」、それがもたらす「悩み」がどこかに吹き飛んでしまった印象さえ受けた（本書6章）。

それでは、従来のアプローチとは異なる方法で「日本的」あるいは「日本型」の対応の特徴に迫ることはできないか。日本人論・日本文化論とも欠如理論とも異なる、しかし、ある程度経験的な事実（empirical facts）に基づく、現代日本社会の特徴――とはいえ「日本だけに特有」だと主張するわけではない――を解明する試みはできないか。たとえば拙著『追いついた近代 消えた近代』は、日本における近代・近代化の受容を主なテーマとして設定したそうした試みのひとつであった。さらに、教育における資源配分の歴史を主題に、日本における平等のあり方（「面の平等」）を解明しようとした『教育と平等』（中公新書、２００９年）もその流れに属する。これまで試みた分析手法を、私は「知識社会学的」アプローチと呼び、その厳密な理論的検討は後回しにしてでも、実際に近代や近代化の「日本的」受容や、「日本的」平等の理解といったテーマに用いることで、そのアプローチの有効性を試してきた。

本書もそれに連なる研究と言えよう。ただし、先に挙げた二つの著作を生んだ研究（ともに7年以上を費やした）に比べ、今回はスピード感を重視した。前記二つの著作が「過去」を対象に、そこから現代の問題を照射しようとしたのに対し、本書では同時進行中のリスクや危機に関わるテーマについての知識社会学的分析を急いだからである。

準備不足はもとより、すでに発表した論考を元に大幅な加筆修正を加えるという手法をとったこともあり、本書を一貫して知識社会学的アプローチを採用した研究とは呼べないことは自覚している。それでもこのような書物をできるだけ早く出版したいと願ったのは、危機やリスクの認識の仕方に見られた「日本的」特徴を、これまでとは異なる視点から見ることで、当たり前すぎて見過ごしてしまいがちな「日本的」な議論の特徴（制約）を少しでも明らかにできないかと考えたからである。そのようなもうひとつの視点を提供することが急務だとも思った。素朴な対立と曖昧さを残したままの議論で近未来の日本の方向性が決まることに危惧を覚えたからだ。

それがどの程度成功しているかは、読者の判断に委ねるより他にない。それでも、当たり前のこととして見過ごしてしまう、私たち自身のものの見方（問題構成）の特徴、それゆえの議論の仕方の制約を、別の視点から捉え直すことが少しでもできていればと願う。知識の在庫から呼び戻されるイメージ喚起力の強い言葉や知識の影響を自覚することで、「日本的」議論のあり様を少しでも揺さぶることができないかと望むからである。

私自身、まだ十分満足しているわけではないが、本書で提示した、カタカナ語の「アンビバレンス」は、私たちの認識枠組みへの影響を知識社会学的に研究する際の分析枠組みとして試みに用いた概念である。とくに6章で展開したように、私が理解するカギ括弧付きカタカナ語の「アンビバレンス」は、素朴な葛藤や対立に関わる両義性（白黒論議）と、（対立する）知識の併置＝接点のない両義性が生む曖昧さ（6章注9のAugeの指摘をふまえれば、白か黒かの決着のつかないambiguity？）の両方の意味を持っている。それ自体アンビバレントであるといってもよい。日本的な議論が生み出す、対立を含意しながらも両者のすれ違いや曖昧さを許す知識の構造として、カタカナ語の「アンビバレンス」――曖昧さを許す、対立・葛藤を含む複数の価値の両抱え状態、あるいは接点の曖昧な両義性――は、日本における知識の構図の分析概念として使えるだろうと思った。もともとのアンビバレンスの意味が、対立や葛藤、矛盾を含む要素間の曖昧さの余地のない鋭い緊張関係を含みつつ、その共存を意味することとの違いである。

そして、この「アンビバレンス」の概念（あえて日本語に訳せば「対立・矛盾を抱えた接点のない曖昧な両義性」）を用いることで対象化できる、「日本的」な認識のあり方、それに基づく議論の仕方の特質と限界を自覚することで、白か黒かの議論を避け、対立や葛藤の接点を見出す議論ができるのではないか、と願った。本書ではそれを阻んできた私たちの問題構築のあり方やそれに影響する諸知識間の関係のあり方（知識の構図）を探ろうとした。「リアリズム」が求められるにしても、「正しさ」をめぐる議論が、事実の認定やそこで認定された事実に基づく議論に向かうのを阻んでしまう、私たちのそうした知識のあり様（構図）を、なんとかあぶり出してみようと試みたのである。

他方で、高坂が理想主義と現実主義のアンビバレンス（＝「かっとう」）から「悩み」や「緊張関係」を引き出したように、知識の構図を転換することで、アンビバレンスの可能性を引き出すこともできる。常に緊張関係を維持することで、曖昧さを残す知識の併置と白か黒かの素朴な対立との併存を許す「アンビバレンス」の弊を逃れる可能性である。いかにして異なる見解と向き合い、議論の接点を見出すか。言葉にしてしまえば簡単だが、それがそうならないところに、日本における知識の構図が影響する。高坂が警鐘を鳴らした「悩み続ける」緊張感を簡単に解除してしまう、もうひとつの（矛盾や対立を棚上げし曖昧さを残す）「アンビバレンス」に変質したというのが現時点での私の解釈である。

とはいえ、曖昧さを許す「アンビバレンス」と呼びうる知識の構図（＝思考の習性）が、どのように形成されてきたかを分析するまでには至らなかった。「アンビバレンス」を、曖昧さを許し、露骨な対立の発露を嫌う日本文化論に帰属させれば、その試み自体再び文化還元論に陥ってしまう。それを避けるためには、今度はじっくり時間をかけた歴史的な知識社会学的研究が必要である。

私が日常的に行っている英語での議論の仕方との違いは、たんに言語によるコミュニケーションスタイルの違いに留まるのではなく、日本においては近代化の過程で西欧の、とりわけ思想や社会科学系の諸概念をどのように受け入れてきたかという歴史とも関係しているだろう。否定しがたい「文化」の特性は、過去から積み上げられ形成された「知識の在庫」の古層の上に新しい知識が付け加えられていくことによってつくられる。そのように見れば、日本の近代受容の研究の発展として、「アンビバレント」な知識の構図がつくられた過程を詳(つまび)らかにすることもいつかできるだろう。他日を期したい。

〈追記〉

本書執筆後の2022年7月8日、安倍晋三元首相が選挙遊説中に銃撃によって殺害される事件が起きた。この事件後に続いた種々の「危機言説」については、本書で触れることができなかった。

謝辞

5月下旬にイギリスのオックスフォードに戻り、この「謝辞」を書いている。感染者数が一時期に比べ大幅に減少したこともあり、イギリスは規制のない「ノーマル」に戻った。マスクをする人もほとんどいない。コロナ関係のニュースも見ない。4度目のワクチン接種についてもほとんど話題に上らない。わずか5ヶ月ばかり離れていただけなのに、日本から戻るとまるで異星に着いたかのようなカルチャーショックを受けた。そして、改めて、日本のコロナ対応、人びとの「安心・安全」意識との違いを痛感した。やはり「危機」はその社会の素顔をあぶり出す。その素顔を自らがきちんと認識することの重要性も再確認した。

本書執筆のきっかけは、1〜3章の「フィールドワーク」の最中に、フィールドノートを元にした論考を、『中央公論』誌に急遽掲載してくださるというご厚意を受けたことであった。私からの急なお願いにもかかわらず、そのような機会を与えてくださった雑誌編集担当の吉田大作さんのおかげである。そして、その論考を読んだ新書ラクレ編集部の黒田剛史さんが、それを膨らませて一冊の本にする提案をしてくださった。コロナ禍での2年間に日本社会について考えていたことを何らかの形で出版できないかと考えていた私にとってはとてもありがたいお申し出であった。そして黒田さんとの何度もの議論のおかげで、本書の構成や主軸となる議論の骨格を決めることができた。

家族への謝辞はあまり書かないほうだが、今回ばかりは妻の夏子に感謝の言葉を捧げたい。とくに、帰国もできずに単身で過ごした2年間、さらには帰国後の2週間の隔離生活の中で、またそれが終わり帰宅できた時に、家族のありがたさを身にしみて感じた。たまたま研究休暇ということもあり比較的長く日本に滞在することができたが、その中で本書の執筆を自由に行えたのも、妻のおかげである。またイギリスでのほぼほぼステイホーム状態での2年間の生活を大きなストレスを抱えることなく過ごせたのは、多くの友人たちの支えがあったからである。あえて名前は挙げないが感謝の気持ちを伝えたい。

パンデミックや戦争がいつ、どのように終わるのか。政治状況の変化によっては改憲の議論が本格化するかもしれない。憲法第9条をどうするか。コロナ対策の際に自粛に頼った経験を経て、「緊急事態条項」（とくに内閣の権限強化）も議論の的となるだろう。そのような時に、日本社会はどのようにそれらを論じ、国民はどのような判断をしていくのか。「悩み続けよ」と警告した半世紀前の高坂の言葉が私の頭から離れない。何を悩んだらよいのかさえ忘れてしまった感のある現状の議論に、もう一度この点を強調しておきたい。

苅谷剛彦

2022年6月

本書は、ほぼ書き下ろしによって構成されている。ただし、2、3章の一部は『中央公論』2022年3月号「水際対策から見えた二項対立と日本社会の機微」、4章の一部は『Voice』2020年7月号「『自粛の氾濫』は社会に何を残すか」、5章の一部は、『日本経済新聞』2022年1月6日付「経済教室　人材の『鎖国』、質向上を阻害　コロナ危機を超えて」に発表した部分を大幅な加筆修正を加えて本書に組み込んだ。

ラクレとは…la clef＝フランス語で「鍵」の意味です。
情報が氾濫するいま、時代を読み解き指針を示す
「知識の鍵」を提供します。

中公新書ラクレ
774

オックスフォード大教授が問う
思考停止社会ニッポン
曖昧化する危機言説

2022年10月10日発行

著者……苅谷剛彦

発行者……安部順一

発行所……中央公論新社
〒100-8152 東京都千代田区大手町1-7-1
電話……販売 03-5299-1730　編集 03-5299-1870
URL https://www.chuko.co.jp/

本文印刷……三晃印刷
カバー印刷……大熊整美堂
製本……小泉製本

©2022 Takehiko KARIYA

Published by CHUOKORON-SHINSHA, INC.
Printed in Japan　ISBN978-4-12-150774-7　C1236

定価はカバーに表示してあります。落丁本・乱丁本はお手数ですが小社
販売部宛にお送りください。送料小社負担にてお取り替えいたします。
本書の無断複製（コピー）は著作権法上での例外を除き禁じられています。
また、代行業者等に依頼してスキャンやデジタル化することは、
たとえ個人や家庭内の利用を目的とする場合でも著作権法違反です。

中公新書ラクレ　好評既刊

L401
大学教員　採用・人事のカラクリ
櫻田大造 著

大学教員になるための秘訣・裏ワザを一挙公開！　新学部設置や、採用人事に携わり、業界の内部事情に通じた現役教員が、「採る側の論理」を明かす。給与、昇進、派閥、公募、コネ、雑務……等々の赤裸々な実態も、取材とデータをもとに公開。大学教員への就職活動の成功事例、失敗事例を数多く紹介し、採用の決め手が何なのかを検証。団塊世代の定年退職で市場が動く今こそ、新たな「傾向と対策」を！

L429
グローバル化時代の大学論①
アメリカの大学・ニッポンの大学
――TA、シラバス、授業評価
苅谷剛彦 著

ひたすら改革が叫ばれ、アメリカ発の制度を取り入れてきたニッポンの大学。だが、その有効性はいまだ見えず、グローバル化の荒波の中を漂流している――元東大教授で、いまオックスフォード大学で活躍する著名な教育社会学者が、新米教師の頃、いち早く警鐘を鳴らした「アメリカ大学教育体験記」から、日本の当時と変わらぬ問題点が浮かび上がる。巻末解説文・宮田由紀夫氏（L413『米国キャンパス「拝金」報告』著者）。

L430
グローバル化時代の大学論②
イギリスの大学・ニッポンの大学
――カレッジ、チュートリアル、エリート教育
苅谷剛彦 著

ワールドクラスの大学では、グローバルな問題を解決すべく、世界中から優秀な教員と学生を集め、人材育成に努めている。オックスフォード大学が、その先頭集団を走る秘訣は何か？　同大学にあって、東大に欠けるものとは？　オックスフォード大学で教壇に立つ元東大教授が、中世以来の伝統的教育をつぶさに報告し、ニッポンの大学が抱える課題を検証する。巻末解説文・潮木守一氏（名古屋大学名誉教授・桜美林大学名誉教授）。

L543
教えて！ 校長先生 渋谷教育学園はなぜ共学トップになれたのか
田村哲夫 著

新設校から全国屈指の進学校へと急成長した「渋幕」。女子校を共学化する学校改革に成功した「渋渋」。東大合格者数を急増させた両校のメソッドを校長が明かす。他方、受験勉強だけに特化せず、いちはやく取り組んだ海外大学進学など、グローバル化に対応した学校運営や、自由な校風で生徒の個性を開花させる学校生活、行事も紹介。人気No.1水卜麻美アナ、闘莉王選手、日本マイクロソフト社長ら、卒業生インタビューも充実。

L551
ちっちゃな科学
——好奇心がおおきくなる読書&教育論
かこさとし＋福岡伸一 著

子どもが理科離れしている最大の理由は「大人が理科離れしている」からだ。ほんのちょっとの好奇心があれば、都会の中にも「小自然」が見つかるはず——90歳の人気絵本作家と、生命を探究する福岡ハカセが「真の賢さ」を考察する。おすすめの科学絵本の自薦・他薦ブックガイドや里山の魅力紹介など、子どもを伸ばすヒントが満載。NHKで放送され、話題を呼んだ番組「好奇心は無限大」の対談を収録。

L587
オックスフォードからの警鐘
——グローバル化時代の大学論
苅谷剛彦 著

ワールドクラスの大学は「ヒト・モノ・カネ」をグローバルに調達する競争と評価を繰り広げている。水をあけられた日本は、国をあげて世界大学ランキングの上位をめざし始めた。だが、イギリスの内部事情を知る著者によれば、ランキングの目的は英米が外貨を獲得するためであり、日本はまんまとその「罠」にはまっているのだという——日本の大学改革は正しいのか？ 真にめざすべき道は何か？ 彼我の違いを探り、我らの強みを分析する。

L678
英語コンプレックス粉砕宣言
鳥飼玖美子＋齋藤　孝 著

日本人がなかなか払拭することのできない英語コンプレックス。中学・高校の六年間学んでも話せるようにならない絶望が、外国人と軽妙なパーティトークをできない焦りが、過剰な「ペラペラ幻想」を生んでいる。英語教育の現場をよく知る二人が、コンプレックスから自由になるための教育法・学習法を語り合う。とりあえず英語でコミュニケーションを取るための具体的な方策も伝授。黒船ショック以来、日本人に根付いた劣等感を乗り越える！

L699

たちどまって考える

ヤマザキマリ 著

パンデミックを前にあらゆるものが停滞し、動きを止めた世界。17歳でイタリアに渡り、キューバ、ブラジル、アメリカと、世界を渡り歩いてきた著者も強制停止となり、その結果「今たちどまることが、実は私たちには必要だったのかもしれない」という想いにたどり着いたという。混とんとする毎日のなか、それでも力強く生きていくために必要なものとは？　自分の頭で考え、自分の足でボーダーを超えて。あなただけの人生を進め！

L708

コロナ後の教育へ
——オックスフォードからの提唱

苅谷剛彦 著

教育改革を前提から問い直してきた論客が、コロナ後の教育像を緊急提言。オックスフォード大学で十年余り教鞭を執った今だからこそ、伝えられること——そもそも二〇二〇年度は新指導要領、GIGAスクール構想、新大学共通テストなど一大転機だった。そこにコロナ禍が直撃し、オンライン化が加速。だが、文科省や経産省の構想は、格差や「知」の面から諸問題をはらむという。以前にも増して地に足を着けた論議が必要な時代に、処方箋を示す。

L709

ゲンロン戦記
——「知の観客」をつくる

東　浩紀 著

「数」の論理と資本主義が支配するこの残酷な世界で、人間が自由であることは可能なのか？「観客」「誤配」という言葉で武装し、大資本の罠、敵／味方の分断にあらがう、東浩紀の「生き延び」の思想。哲学とサブカルを縦横に論じた時代の寵児は、２０１０年、新たな知的空間の構築を目指して「ゲンロン」を立ち上げ、戦端を開く。いっけん華々しい戦績の裏にあったのは、予期せぬ失敗の連続だった。ゲンロン10年をつづるスリル満点の物語。

L740

教育論の新常識
——格差・学力・政策・未来

松岡亮二 編著

入試改革はどうなっているのか？　今後の鍵を握るデジタル化の功罪は？　いま注目の20のキーワード（GIGAスクール、子どもの貧困、ジェンダー、九月入学等）をわかりやすく解説。編著者の松岡氏は、研究が「教育の実態を俯瞰的に捉えた数少ない正攻法」（出口治明氏）と評される、「２０２1年日本を動かす21人」（『文藝春秋』）のひとり。ベストセラー『「学力」の経済学』の中室牧子氏、文部科学省の現役官僚ら総勢22名の英知を集結。